그들은 왜
신에게 빠지는가

ⓒ 김시온, 2025

초판 1쇄 인쇄 2025년 8월 13일
초판 1쇄 발행 2025년 8월 23일
작가 **김시온**

출판사 **재노북스**
기획편집 **윤서아**　디자인 **윤서아, 전혜림**
콘텐츠사업 및 마케팅 **이시은, 임지수, 김민지**
작가컨설팅 **윤서아**

출판등록 2022년 4월 6일 제2023-000076호
주소　서울특별시 금천구 가산디지털1로 205-27 에이원빌딩 705호
대표전화 0507-1381-0245　팩스 050-4095-0245
이메일 dasolthebest@naver.com
블로그 zeno_books@naver.com

ISBN 979-11-94868-22-4(13330)　18,000원

· 이 책은 저작권법에 의하여 보호를 받는 저작물이므로 무단 전재와 복제를 금합니다.
· 재노북스(zenobooks.co.kr)는 독자 여러분의 아이디어와 원고 투고를 기다리고 있습니다.
· 책 출간을 원하시는 분은 재노북스 홈페이지 '원고투고'란으로 개요와 연락처 등을 보내주세요.

JMS실체 | PART.2

그들은 왜
신에게 빠지는가

김시온 기자

목차

시작하는 말　　　　　　　　　6

1장
만들어진 메시아의
추악한 실체　　　　　　　　9

2장
정명석을 지키는
사악한 날개들　　　　　　　81

3장
이인자를 향한
짝사랑　　　　　　　　　　141

4장
**추락하는
가짜 메시아**   181

맺는 말   210

JMS 주요 인물   214
JMS 용어 사전   217

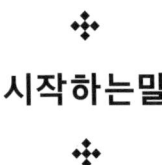

시작하는말

한 사람의 망상이 어떻게 수십 년간 수만, 수십만 명의 인생을 지배할 수 있었을까? 그리고 그 망상이 무너지는 순간에도, 왜 그를 신이라 부르는 목소리는 멈추지 않았을까?

이 책은 정명석, '가짜 메시아'의 몰락에 대해 기록한다.

그의 이름으로 포장된 교리, 그가 입 밖에 꺼낸 '영적 사랑', 그 모든 신성의 서사가 얼마나 기만적이고 폭력적이었는지를 추적한다.

정명석이 다시 감옥에 갔다는 사실은 결말이 아니다.

법원은 그에게 유죄를 선고했고, 피해자들은 긴 고통 끝에 마침내 진실을 밝혀냈다. 그러나 여전히 수많은 신도들은 그가 무죄이며, '시대의 사명자'이자 메시아라고 외친다.

JMS는 정명석을 위해 허위 증거를 만들고, 진실을 부정하며, 피해자와 탈퇴자를 공격했다.

이 책은 그 거대한 부인과 왜곡의 기록이자, 가짜 메시아가 어떻게 무너졌으며, 그 과정에서 어떤 흔적을 남겼는지에 대한 증언이다.

그리고 이 이야기는 단순히 한 교주의 몰락에 그치지 않는다.

그를 믿고, 그의 거짓을 떠받치던 사람들, 그들로부터 피해를 입은 사람들, 그 피해가 퍼져간 한국 사회 모두의 이야기이기도 하다.

우리는 지금도 스스로를 '신이 선택한 시대의 증인'이라 부르는 집단이, 가장 인간적인 탐욕과 폭력으로 타인을 짓밟던 역사를 마주하고 있다.

그 허위 신앙을 직시하는 일, 그리고 그 신앙이 허물어진 자리에 남겨진 폐허를 기록하는 일, 그것이 이 책의 존재 이유다.

그리고 그의 몰락이 또 다른 신격화의 시작이 되지 않도록, 이 이야기를 끝까지 증언하고자 한다.

이 책이 누군가의 무너진 마음에 작은 숨구멍이 되길 바란다. 아직 늦지 않았다고, 깨어날 수 있다고 말해주는 기록이 되기를.

1장

만들어진 메시아의 추악한 실체

왜, 한 남자가 '메시아'로 추앙받았을까?

기독교의 메시아는 죄악으로부터 인류를 구원할 유일한 존재, 예수 그리스도다. 하지만 JMS는 예수의 영이 정명석의 육체에 깃들어 다시 이 땅에 왔다고 가르쳤다.

2008년, 정명석은 성범죄로 징역 10년을 선고받고 복역했다. 그때조차 JMS의 일부 수뇌부는 그를 '희생자'로 포장했다. "이 악한 세대의 죄를 짊어진 메시아가 시대의 십자가를 지고 있다"며, 그의 죗값을 인류를 위한 고난처럼 왜곡해 교육했다. 출소 후에는 발목에 부착된 전자발찌마저 "시대의 십자가"라고 칭송했다. 죄의 증거가 곧 신성의 상징이 된 것이다.

그러나 우리가 보아온 정명석의 삶은, 성경 속 예수 그리스도와는 한없이 멀었다. 예수가 사랑과 희생, 겸손을 실천했다면, 정명석은 '구원자'라는 미명 아래 자신의 욕망과 권력을 위해 신도들을 이용했다. 이 장은 그 조작된 신화의 실체를 하나하나 벗겨낸다.

JMS 정명석, 동성애 성관계 지시 '논란'···
"제일 맛있는 건 'X구멍'이라 교육"

2023.03.23

"여자에게는 다섯 가지의 구멍이 있다. 입 구멍과 성기, 그리고 X구멍 등이다. 이 중 가장 맛있는 것은 X구멍이다"

<투데이코리아>의 취재를 종합하면, 현재 여성 신도를 준강간·준유사강간 혐의로 재판 중인 정명석[1] 기독교복음선교회(이하 JMS) 총재가 '월성[2]'이라고 불리는 일부 여성 신도들을 상대로 이같이 말하며 교육을 진행한 것으로 알려졌다. 월성은 정 총재의 측근들로 이루어진 여성 지도자 모임이라고도 불리는 단체다.

---

1 정명석 : 기독교복음선교회(JMS)의 창립자이자 교주. 1945년 충남 금산에서 태어났으며, 1980년대부터 '메시아적 사명자'를 자처하며 독자적 교리를 전파했다. 1999년 성범죄 혐의로 국제 수배된 뒤 중국과 홍콩 등지로 도피했고, 2008년 중국 공안에 체포돼 국내 송환 후 징역 10년을 복역했다. 출소 후에도 여신도 성폭행 등으로 재차 기소돼 2025년 대법원에서 징역 17년이 확정됐다. JMS 내부에서는 '선생님' 또는 '시대의 사명자'로 추앙받으며, 신격화된 존재로 숭배돼 왔다.

2 월성 : JMS 내부에서 '여성 지도자 모임'이라는 명목으로 운영된 조직. 단순한 여성 사역자 집단이 아니라, 내부 증언에 따르면 정명석의 성적 착취를 정당화하고 이를 돕는 역할을 해온 핵심 조직으로 알려져 있다.

이와 관련해 자신을 전반기 월성이라고 소개한 탈퇴자 일부는 "정명석의 성적 욕구는 굉장히 변태적이고 자극적이다. 예쁜 여자들을 면담 명목으로 만나며 친해진 이후 성관계를 갖는 경우가 많았으며, 자신이 관계를 갖고 싶은 이들을 모아두고 이러한 5가지 구멍 교육 등을 단체로 진행하기도 한다"고 덧붙였다.

또한 "월성에게 공개적으로 '내가 안 해줘서 하고 싶지 않냐?', '나도 너희를 생각하며 혼자 한다' 등의 내용이 담긴 편지를 발송하기도 했다"라며 "내가 잘 못해줄 때는 너희끼리 하라고 동성애를 권유했다"라고 폭로했다.

특히 월성 출신 제보자들은 정조은 목사와 월성의 상관관계에 대해 "정조은[3](본명 김지선)은 정명석의 침소에 누가 들어가고 나왔는지까지 디테일하게 알고 있을 정도로 정명석의 성 관련 내용을 파악하고 있다"라며 "그렇기에 정명석이 약점을 잡혀 정조은에게 함부로 하지 못하는 것"이라고 입을 모았다.

이어 "그렇기에 공범으로 들어갈까 봐 지난 12일 정명석과의 관계에 선을 그은 것으로 보인다"라고 분석했다.

---

3 정조은 / 김지선 : JMS에서 '성령의 상징체'로 불리며 교단 내 2인자로 군림해온 인물. 정명석의 성범죄 재판과 수감 기간 동안 재정과 인사를 장악하며 조직을 이끌었으며, 출소 이후에도 핵심 권력을 유지했다. 2023년 넷플릭스 다큐멘터리 방영 이후 일부 성범죄 사실을 시사하는 발언으로 교단 내부 분열을 촉발했다.

이와 관련해 정조은 목사는 <투데이코리아>와의 통화에서 "5가지 구멍 이야기를 비롯한 월성 교육에 관한 내용은 사실이다. 들어서 알고 있다"라며 "해당 내용은 내가 월성과 관련 있어서가 아니라 나에게 상담하는 여성 성도가 많았기 때문"이라고 해명했다.

그러면서 "다만, 내가 여성 신도를 선생님에게 연결하거나 한 적은 결코 없다"라며 자신을 향한 포주설을 부정했다.

하지만 정명석의 성 비리와 관련해 자기와는 상관이 없다고 선을 그은 정 목사의 해명과는 달리 피해자들의 증언이 쏟아지고 있다.

JMS 전 교인 제보자 B씨는 "내가 월명동에 있을 때 주로 정명석에게 여신도를 연결해 준 자들은 정조은, 정신빛, 정주나, 정아빛 등이었다"라고 말했다.

또한 정명석에게 여러 차례 성폭행당했다고 밝힌 에이미는 "정명석에게 데려간 사람이 정조은 씨의 최측근이었다"라며 "이후 정명석에게 여러 차례 성폭행해 혼란과 자책감에 시달리다 2019년 10월 정조은 씨를 만나게 됐을 때, 정조은이 나보고 '정명석에게 더 잘해라, 선생님 가는 곳 좀 다 데리고 가달라고 그래. 최대한 갈 만한 데 조금 붙어 있어라. 어차피 혼자 있어

봤자 이상한 생각만 할 거고'라며 정명석과 붙어 있도록 종용했다"라고 밝혔다.

이어 제보자 C씨 역시 "정명석이 감옥에 있는 10년 동안 예쁘고 키 큰 애들 데리고 감옥 면담 제일 열심히 다닌 사람, 전도되고 중국 넘어가 정명석의 온갖 수발들던 사람이 바로 ㅈㅈㅇ(정조은)"이라고 비판했다.

제보자 D씨는 "여성을 선별해서 마지막에는 정조은이 한 번 더 개인 면담을 한다. 비밀리에 따로 불러서 통과하면 정명석한테 가는 것"이라고 설명했다.

실제로 <투데이코리아>가 입수한 2007년 영상에 따르면, 수십명의 여신도들이 노출이 심한 원피스를 입은 채 춤을 추고 있는 장면을 정 목사와 정명석이 나란히 앉아 구경하며 웃고 떠드는 장면이 나온다.

월성 제보자들에 따르면, 전국에 JMS 교역자 중 상당수가 정명석과 같은 성 비리에 동참한 것으로 알려졌다. 이들은 "교주의 성 문제를 알게 된 이들은 본인들도 권력을 이용해 여성 신도들을 건드리는 행위가 종종 발생했다"라고 폭로했다.

취재를 종합하면 JMS 교단 성 비리 문제는 정명석뿐만 아니라 정조은을 비롯한 교단 내 핵심 교역자들과 정명석의 동생 정범석[4]까지 모두 엮인 것으로 파악된다.

이와 관련해 바른미디어 조믿음 대표는 "정명석 씨를 넘어 최측근들을 향한 전방위적인 수사가 이뤄져야 한다"라며 "JMS 내에서의 성범죄는 정명석 씨의 일탈이 아니기 때문"이라고 설명했다.

아울러 "수뇌부의 부도덕하고 비윤리적인 행위는 결국 JMS가 어떻게 형성되고 유지되었는지를 보여주는 거울이다"라고 말했다.

제보자는 "자신의 친동생 정범석 등도 월성이나 스타 등을 상대로 성추행 등을 시도해 문제가 생기는 경우도 빈번했다"고 토로했다.

실제로 정범석의 경우 성과 관련된 전과가 3건에 달하는 것으로 알려졌다. 특히, 정범석은 윤락업소를 전전하다가 2000년에 창원지방검찰청에서 '윤락행위 방지법 위반' 혐의로 형사 입건됐다.

---

4 정범석 : 정명석의 친동생으로 JMS 내에서 '육적 발판'이라 불리며, 교단 운영과 대외 업무를 담당해온 인물. 정명석의 해외 도피 시절부터 교단 재정과 조직 관리에 깊이 관여했으며, 출소 이후에도 여론 대응 및 핵심 자금 관리에 중추적 역할을 맡았다.

실제 창원지방검찰청 사건 번호 2000형제205×× 건의 피의자로 2000년 5월 23일 '윤락행위 등 방지법 위반' 혐의로 송치됐다.

형 정명석 총재가 여신도 성범죄로 중국으로 도피하던 시기, 동생은 충남 금산 JMS 월명동을 관리하면서 성 비위를 저지른 것이다.

정조은 목사를 비롯한 JMS 관계자들도 정범석의 범죄 행각에 대해 부정하지 않았으며, 일부 사실일 것이라고 인정했다. 따라서 JMS 성범죄 의혹 조력자로 의심받는 이들에 대한 검·경의 수사가 강력히 이루어져야 피해를 막을 수 있는 상황이다.

JMS 노동착취 의혹…
"세뇌 빠졌던 것, 위험하다는 생각 못했다"

2023.04.11

기독교복음선교회(이하 JMS)가 신도들의 노동력을 착취해왔다는 주장이 제기됐다. '월명동 자연성전' 돌 작업 당시 일부 신도들은 보호 장비를 착용하지 않은 채 공사가 진행되 사상자가 발생했다는 증언도 쏟아지고 있다.

<투데이코리아> 취재를 종합하면 '월명동 자연성전(이하 성전)'[5] 돌 작업 당시 안전 장비를 포함한 교육 및 산재 보험 적용 없이 작업이 진행됐다. 월명동 자연성전은 수십 톤에 달하는 대형 바위 조경이 자리 잡고 있으며, JMS의 성지로 여겨지는 곳이다.

---

5 월명동 자연성전 : 충남 금산군에 위치한 JMS의 본부이자 성지로 불리는 대규모 수련 시설. 정명석이 "창조주의 뜻에 따라 조성된 성지"라고 주장하며 신격화의 상징으로 삼았으며, '하나님의 역사'라는 명분 아래 신도들의 헌금과 노동력으로 건설됐다. JMS의 핵심 교리와 권위가 집중되는 공간으로, 정명석의 성범죄 상당수가 이곳에서 발생한 것으로 알려져 있다.

성전 공사는 90년대 초부터 시작되어 25년 가까이 진행됐다. 여성을 포함한 신도 상당수가 작업에 동원되기도 했다. 정명석 JMS 교주에게 세뇌되었던 터라 공사 참여를 거부하는 이들은 거의 없었던 것으로 파악됐다. 특히 전국에 퍼진 신도들은 주말마다 '성전 봉사'라는 명목으로 100여 명이 차출되어 성전 주변 풀 뽑기와 정원 관리 등의 업무를 반강제적으로 끝내야 했다.

이들 중 대다수는 정명석의 성폭력이 드러난 이후 탈퇴자가 되거나 JMS에서 벗어나려 하고 있다. 공사 동원을 거부하지 않았던 것 역시 세뇌 때문이라는 제보자도 어렵지 않게 만나볼 수 있었다.

실제 해당 작업에 참여한 A씨는 "앞산(돌 조경)이 여러 번 넘어졌음에도 보호 장비도 착용하지 않은 채 작업했다"라며 "안전 교육이나 산재도 없는 상태로 작업했고, 전문가도 없는 상황이었다"라고 주장했다.

바위가 5차례 무너진 한 정황도 확인됐다. 2015년 12월 13일 JMS 홈페이지에 올라온 '정명석 목사의 주일 말씀'에는 "(돌 조경이) 무려 다섯 번이나 무너졌다. '야심작'에 쌓은 돌들은 '작은 돌들'이 아니고 몇십 톤씩 되는 '큰 돌'이다"고 언급된다.

특히 JMS 홈페이지에 공개된 2008년 4월 27일자 설교에는 "월명동 돌은 70~80톤의 완전한 통돌"이라고 나와 있다. JMS 홈페이지 글 중 목사 이모 씨의 글에는 돌 조경 작업 당시를 회상하며 "너무나도 다급하고 경악스런 소리를 질렀다. 아악! 어어! 비켜!"라며 "돌이 승용차 12대 무게였으니 생각만 해도 아찔하다"라고 표현했다.

특히 전문가(크레인 사장)의 지적을 무시한 채 작업이 강행되기도 했다. JMS 홈페이지 '1997년 10월 23일 아침 말씀'에는 "이번에는 칼날같이 날이 보이도록 쌓으라고 말씀하셨다. 납작하게 쌓지 말고 칼날이 보이게 쌓으라고 했다"라며 "크레인 사장은 세워서 넘어진 것이라고 이번에는 눕혀야지 세워서는 절대로 안 된다고 했다"라고 소개돼 있다.

한 JMS 간부 출신 탈퇴자는 "무리해서 세워둔 돌이 넘어졌고, 이에 대해 크레인 사장은 '눕혀야지 세워서는 안 된다'라며 조언했는데 다시 돌을 세우기를 시도했다"라고 말했다.

작업이 야간에도 지속됐다는 주장도 나왔다. 다른 JMS 탈퇴자는 "월명동 자연성전 공사는 밤에도, 비가 올 때도 지속되는 경우가 많았다"라며 "밤에 작업할 때 역시 보호 장비를 착용한 사람은 거의 없었으며, 무거운 바위를 다루는 작업 역시 밤에 이루어지는 경우가 많았다"라고 했다.

그는 "월명동 자연성전 돌 조경 작업 당시 사망 사건까지 있었으나 다들 쉬쉬하는 분위기였다"며 "이후에도 크게 달라진 것은 없었다"라고 말했다.

JMS 홈페이지에는 돌 작업 중 다수가 사망할 뻔한 사건이 있었다는 글도 올라와 있다. '1998년 7월 15일 아침 말씀'에는 "어제 돌 작업하다가 큰 돌이 떨어져서 4명이 죽을 뻔했다"라는 내용이 담겼다.

노무법인 동인의 이훈 노무사는 "장기간 가스라이팅을 통해 강제노동을 시킨 것이라면 근로기준법 7조에 의거해 강제 근로에 대한 처벌이 가능하다"라며 "특히 조경 공사의 경우 건설공사로 들어가니 산재라든가 장갑, 하이바 등을 착용하는 산업안전보건법을 준수해야 한다"라고 분석했다.

그러면서 "다만 신안 염전 노예처럼 장기간에 걸친 가스라이팅이나 세뇌가 인정될 경우의 이야기"라며 "해당 조건이 충족되지 않는다면 사용자와 근로자 사이에서 발효되는 근로기준법 자체가 성립되지 않는다"라고 덧붙였다.

당시 조경 작업에 참여했던 전 JMS 관계자는 "당시에는 위대한 성전 건축이라는 세뇌에 빠져 위험하다는 생각도 하지 못했다"라며 "이런 것이 JMS가 회원을 상대로 노동력을 착취하는 방식"이라고 말했다.

'탈JMS'하고도 평생 빚 갚아…
정명석 주머니에 들어간 교인 돈

2023.04.06

"JMS에서 빠져나온 이른바 '탈엠' 중에서도 교회 구매 비용으로 매달 수십만 원씩 돈을 내는 사람이 존재한다. 이렇게 구매 과정에서 발생한 빚이 모두 청산되면 교단 소유로 넘겨진다"

기독교복음선교회(이하 JMS)를 탈퇴한 제보자 A씨는 <투데이코리아>와의 인터뷰에서 이같이 밝혔다.

JMS의 교회 부동산 취득 방식은 개척 교회에 함께할 회원(JMS에서 교인을 이르는 명칭) 수에 따라 크게 두 방법으로 나뉜다. 모두 교단이나 다른 교회로부터의 지원 없이 회원들끼리 자체적으로 비용을 들여 부동산을 구매하게 된다. 이후 빚을 청산하고 나면 JMS 명의로 바뀐다.

회원 수가 300명 미만일 경우에는 교회가 개척될 지역에서 가장 신용이 좋은 회원 한 명이 은행으로부터 거액의 대출을 받는다. 개인 대출만으로 건물을 구입할 정도의 돈을 확보하는 것은 어려우므로 회원 개개인에게 일정 금액의 배당이 주어진다. 또한 다수의 회원이 보증서는 경우도 있다. 배당 금액을 지불하기 어려운 회원은 또 다른 회원에게 돈을 빌려 매달 갚는경우도 있다.

개척 교회 회원 수가 300명이 넘는 경우, 다른 방식으로 부동산을 취득한다. 우선 '고유번호증 약식 법인으로 보는 비영리 단체'를 만든 후 해당 단체 명의로 대출받게 된다. 하지만 이때 역시 금액이 부족한 경우가 발생하는데 이 경우, 앞서 언급한 바와 같이 회원들에게 일정 금액의 배당을 부여하고 보증을 서게 만든다.

이와 관련해 부동산 관련 법률 전문가는 "JMS에서 재산을 쌓기 위해 적법을 가장해 편법으로 교회 자산을 취득한 행위"라며 "특히 명의를 이전하는 과정에서 종교 단체라는 이유로 세금이 부여되지 않았다면 탈세로 볼 수 있다. 이 또한 세금을 절약하기 위한 편법"이라고 말했다.

법무법인 정향의 김예림 변호사 역시 "해당 사안이 법적으로 큰 문제가 있는 것은 아니지만 도의적 문제는 있어 보인다"라며 "다만 명의 이전 과정에서 세금을 제대로 내지 않았다면 탈세로 볼 수 있다"고 답했다.

이 같은 부동산 취득 방식은 회원 개인에게 과도한 경제적 부담을 지어지게 만든다. 또한 이런 구조를 이용해 중간에서 부동산 자산을 축적하는 이를 양산해낼 수 있다.

지난달 20일 <투데이코리아>와 만난 정조은(본명 김지선) 목사는 성남시 흰돌교회(JMS 분교) 부동산 자산 중 상당수가 정 목사의 친동생 정대현(김대현) 명의인 것과 관련해 "교단과 이야기를 나눈 후에야 답변할 수 있다"고 일축했다.

특히 정 목사와 동행한 흰돌교회 재정위원 B씨는 이날 "교단별로 부동산을 취득하는 방식이나 스타일이 있는 것이 아니겠느냐?"며 "개인 명의로 구매하는 것이 JMS의 스타일"이라고 주장했다.

B씨가 언급한 '교단이 부동산을 취득하는 방식이나 스타일'은 교인에게 경제적 부담을 떠안길 수 있다는 증언이 나왔다.

제보자 C씨는 "개척 교회가 JMS의 분교로 인정되면 JMS가 대출받아야 하는 상황이 벌어지기 때문에 본인들은 빚을 지지 않고 회원들에게 금전적 부담감을 미루는 것"이라며 "특히 분교에서 JMS 교단으로 매달 10~20%의 헌금을 올리는데, 이건 어떻게 설명할 것이냐? 분교가 아니면 왜 교단으로 돈을 보내고 각종 회의 및 행사에 참여하냐?"라고 꼬집었다.

교인들이 교회 부동산을 JMS 교단 명의로 넘기는 이유에 대해 제보자 D씨는 "빚을 갚고 자발적으로 명의를 넘기는 경우도 종종 있으나 분위기 자체가 반강제적이며, 착취와 다름없다"라고 말했다.

 실제로 JMS의 230여 곳의 교회 중 13곳의 등기부등본을 떼본 결과, 천안과 진해, 인제, 화천 그리고 철원 등에 있는 5곳의 교회가 교인이나 '고유번호증 약식 법인으로 보는 비영리 단체' 명의였다가 JMS 명의로 변경된 것으로 확인됐다.

'불치병 치료 가능'
JMS 월명수, 2L당 1만원에 판매…
근데 마실 수 있는 물 '맞아?'

2023.06.23

기독교복음선교회(이하 JMS)가 국내와 해외 등 전세계 회원들을 상대로 일명 '월명수'를 판매한 가운데, 판매용 식수로 등록돼 있지 않아 논란이 일고 있다. 여기에 판매 수익금마저 개인 통장으로 입금 받았다는 등 매출 누락에 의한 탈세 의혹도 함께 제기되고 있다.

월명수[6]는 정명석의 고향인 충남 금산군 진산면 석막리 월명동 수련원에서 나오는 약수를 일컫는 것으로, JMS는 해당 약수를 국내와 해외 여러 나라의 회원들을 대상으로 약 4년 동안 판매해왔다.

---

6 월명수 : JMS에서 신도들 사이에서 '성수(聖水)'처럼 여겨지는 물. 충남 금산군 월명동 자연성전 부지 내 지하수로, 정명석이 "질병이 치유되고 영적 축복이 임하는 물"이라고 주장하며 신격화의 도구로 삼았다. 신도들은 이 물을 마시거나 몸에 바르면 구원의 역사가 일어난다고 믿었다.

문제는 이같은 판매 행위가 먹는물관리법을 위반한 행위라는 점이다.

현행 먹는물관리법 제21조(영업의 허가 등)에 따르면 "먹는샘물 등의 제조업을 하려는 자는 환경부령으로 정하는 바에 따라 시·도지사의 허가를 받아야 한다"고 명시돼있는데, JMS 측은 이같은 절차를 거치지 않고 판매했다는 의혹을 받고 있다.

해당 의혹에 대해 금산군 측은 "금산에는 먹는샘물 제조업으로 등록된 업체가 한곳 뿐인데 그 한곳이 JMS 쪽은 아니다"라고 밝힌 상황이다.

또한 회원들이 월명수를 마시기 위해선 교단으로부터 전용 컵을 사거나 따로 구매하도록 종용했다는 의혹도 함께 제기됐다.

실제 JMS 한 관계자는 온라인 게시판을 통해 "월명수를 마시기 위해서는 '약수컵'을 구매해야만 한다. 500ml도 마음대로 떠갈 수 없다"라고 적시했다.

이러한 월명수에 대해 정명석은 설교 시간에서 "교단에서 물에 대해 통지한다. 어떻게 해서 보급도 해 주고 그럴 것이다. 그것을 알고 전국은 그렇게 하라. 교단에서 물을 떠서 잘 배급 해 주면서 여러분들이 팩스로 찾아 먹든지 하면 될 거 같다"라고 언급한 것으로 알려졌다.

이렇게 해서 진행된 것이 월명수를 비대면으로 신청해 각 교회로 배송해주는 방식의 판매였다.

2019년 2월에 시작된 월명수 택배 배송은 같은 해 12월 28일까지만 해도 총 8만 6979통 가량이 배송된 것으로 알려졌다. 이러한 판매가 2022년까지 이어졌다는 점에서 복수의 제보자들은 실제로 유통된 양이 상당할 것이라고 추측하고 있다.

특히 문제가 되는 점은 JMS 내에서 월명수를 특별한 물로 여기며 각종 피부병과 성인병, 암과 같은 불치병을 치료할 수 있는 수단이라고 주장하고 있다는 점이다.

JMS에서 출간한 '기적의 약수, 월명수' 잡지에는 월명수를 통해 불치병이 나았다고 주장하는 여러 회원의 경험담이 담겨있다. 정명석 역시 설교에서 여러 차례 월명수의 신비한 효능에 대해 언급하며 회원들에게 마실 것을 종용해 왔다.

하지만 충남도청 물관리정책과 관계자는 "월명수와 비슷한 케이스가 제주도에서도 있었다"며 "병을 낫게 해주는 효능을 가진 물이라면서 약수를 판매한 일당이 '보건범죄 단속에 관한 특별조치법 위반'으로 처벌받은 바 있다"라고 경고했다.

또한 국내의 경우 2L당 1만원, 일부 해외 국가의 경우 2L당 40달러에 판매했다는 점에서 수익금 역시 수십억원에 달할 것이란 주장도 나온 상황이다.

지난 2019년 당시 11개월 동안 판매된 월명수를 금액으로 환산하면 약 8억 7000만원에 달하는 것으로 제보자들은 추정하고 있다.

이러한 상황 속 제보자들은 세금 탈세 의혹도 제기됐다.

이들은 월명수를 판매하는 과정에서 판매수익금을 각 교회의 총무나 목사 등 개인 명의의 통장으로 받아 JMS 교단 측으로 넘겼기 때문에, 단체나 기업체의 매출로 잡히지 않아 세금 역시 지불하지 않았을 것이라고 보고 있다.

다만, 일부 JMS 회원은 월명수 판매와 관련해 "월명수는 판매된 것이 아니라 무료 지급됐다"며 "일부 희망자들에게 물통 가격과 배송비 명목으로 자발적인 후원을 받은 것"이라고 반박한 상황이다.

이에 대해 복수의 제보자들은 "월명동 내에서 물을 떠 마실 때도 전용 컵을 구매해서 정해진 양만 마시게 했는데, 이것도 판매가 아니냐?"라면서 "전국의 교회가 다 그랬는지는 몰라도 우리 교회에서는 명백히 '판매'였지 기부가 아니었다. 그리고 배송비를 운운하는데 회원 개인에게 배송하는 것도 아니고, 각 교회로 단체 배달해 준다"고 꼬집었다.

그러면서 "특히 일반 물이 아니고 피부병도 낫고 병도 낫는 특별한 물이라고 했기 때문에 마신 이들도 많다. 이는 거짓된 정보로 사람들을 기만한 것이 아니냐?"고 재차 주장했다.

'암'도 낫는다던 JMS 월명수,
경찰 조사 착수

2023.07.31

기독교복음선교회(이하 JMS)가 소속 회원을 상대로 판매한 지하수 이른바 '월명수'가 '먹는물관리법' 위반 혐의로 경찰조사에 넘겨졌다

31일 <투데이코리아> 취재를 종합하면, 충청남도청 물관리정책과 지하수 팀이 지난 20일 JMS를 먹는물관리법 등의 위반 혐의로 금산경찰서에 조사를 의뢰했다는 사실이 뒤늦게 알려졌다. 이는 본지가 <'불치병 치료 가능' JMS 월명수, 2L당 1만원에 판매…근데 마실 수 있는 물 '맞아?'> 보도를 통해 문제 제기한 지 27일 만이다.

앞서 JMS는 정명석의 고향인 충남 금산군 진산면 석막리 월명동 수련원에서 나오는 월명수를 4년 동안 국내와 해외 여러 나라의 회원들에게 판매했는데, 유통된 양은 약 695톤에 달하는 것으로 알려졌다.

특히 JMS가 지난 2019년경 출간한 '기적의 약수, 월명수' 잡지에는 지난 2019년 2월에 시작된 월명수 택배 배송은 같은 해 12월 28일까지만 해도 총 8만 6979통이 배송됐다고 적시되기도 했다. 이러한 판매가 2022년까지 4년간 이어졌다는 점에서 유통된 양은 상당할 것이란 견해가 나온다.

문제는 이러한 월명수 수출 및 판매행위가 먹는물관리법을 위반한 행위라는 것이다.

먹는샘물을 판매하기 위해서는 시·도지사에게 샘물 개발 허가를 받아야 하며, 먹는샘물 제조를 위한 시설도 갖춰야 하는데, JMS 측은 이같은 조건을 충족하지 않은 채 월명수를 판매해왔다는 의혹이 제기됐다.

해당 의혹에 대해 금산군 측은 지난달 본지와의 통화에서 "금산에는 먹는샘물 제조업으로 등록된 업체가 한곳 뿐인데 그 한곳이 JMS 쪽은 아니다"라고 밝히기도 했다.

이에 대해 충남도 측은 "먹는샘물 판매를 위해서는 샘물 개발 허가를 받아야 하는데 JMS는 허가를 받은 사실이 없는 것으로 파악된다. 이는 먹는물관리법 제19조와 제21조를 위반한 행위"라며 "허가 외에도 정수 장치 등 먹는샘물 제조업 시설도 갖춰야 한다. JMS 측이 시설도 구비하지 않고 먹는샘물을 판매했다면 제23조를 위반한 것"이라고 꼬집었다.

또한 월명수의 경우 먹는물관리법에서 금지한 거짓 또는 과대 표시 광고 등을 어긴 한 의혹도 제기돼 논란이 일었다. 월명수를 마시거나 피부에 바르면 각종 피부병과 성인병, 불치병 등이 낫는다고 광고했다는 것이 그들의 주장이었다.

실제로 JMS가 지난 2019년 출간한 '기적의 약수, 월명수' 잡지에는 월명수를 통해 불치병이 나았다고 주장하는 여러 회원의 경험담이 담겨있었고, 정명석 역시 설교에서 여러 차례 월명수의 신비한 효능에 대해 언급하며 회원들에게 마실 것을 종용했다는 주장이 제기됐다.

이를 두고 충남도 측은 "JMS가 월명수를 특별한 물로 여기며 각종 피부병과 성인병, 암과 같은 불치병을 치료할 수 있는 수단이라고 주장하는 것은 먹는물관리법 제40조를 위반한 행위"라고 설명했다.

이어 "지하수팀이 지난 20일 월명동으로 현장 조사를 다녀왔으며, 현재는 금산경찰서에 조사를 의뢰해둔 상황"이라고 전했다.

JMS 정명석·양승남
'월명수 부정 판매' 혐의로 검찰 송치

2024.01.19

기독교복음선교회(이하 JMS)의 교주 정명석과 양승남 전 대표가 '월명수 부정 판매' 혐의로 검찰에 송치된 것으로 알려졌다.

19일 <투데이코리아> 취재를 종합하면, 먹는물관리법 제4장 영업 제19조(판매 등의 금지) 1항을 위반한 혐의를 받는 정명석과 양승남[7] 전 대표가 지난 11일 부정 판매 혐의로 대전지방검찰청에 넘겨졌다.

앞서 충남도청 물관리정책과 지하수 팀은 지난해 7월 20일 월명수를 두고 부정 판매 혐의로 고발한 바 있다.

---

7 양승남 : 한동안 JMS의 등기상 대표를 역임한 정명석의 오랜 측근 변호사. 2000년대부터 교단 법무 전반을 총괄하며 성범죄 재판과 각종 민형사 소송을 담당해왔다.

경찰과 충남도청 등의 관계자들에 따르면, 정명석은 먹는물관리법 제9장 벌칙 제57조에 따라 검찰로 송치됐다. 현행 법상 먹는 샘물 등 외의 물을 판매한자는 5년 이하의 징역이나 5천만원 이하의 벌금에 처하고 있다.

한 관계자는 이와 관련해 "수사 과정 중에 체포영장을 발부받아 정명석도 조사했다"며 "(월명수 건과 관련해) 정명석도 변호인도 아예 모르고 있더라"고 주장했다.

한편, 월명수 부정 판매에 대한 사건은 본지가 지난해 6월 23일 <'불치병 치료 가능' JMS 월명수, 2L당 1만원에 판매…근데 마실 수 있는 물 '맞아?'>보도를 통해 문제를 제기하며 수면 위로 올랐다.

해당 보도에서 JMS가 정명석의 고향이 충남 금산군 진산면 석막리 월명동 수련원에서 나오는 약수를 '월명수'라고 부르며 국내와 해외 여러 나라의 회원들에게 약 4년 동안 판매했다는 의혹을 집중 조명했다.

특히 본지는 JMS가 지난 2019년 출간한 '기적의 약수, 월명수' 잡지에 같은 해 2월에 시작된 월명수 택배 배송이 12월 28일까지만 해도 총 8만 6979통이 배송됐다고 적시됐다는 점에서 4년 동안 이뤄진 월명수 판매로 인한 수익금은 수십 억원에 달할 것이란 주장이 제기된다고 보도했다.

JMS 정명석,
교단 대표에 친동생 임명

2023.08.17.

기독교복음선교회(이하 JMS) 정명석 교주의 친동생 정용석이 JMS 이사 겸 공동대표로 임명된 것으로 확인됐다. 이에 JMS는 현재 정용석과 정라미(본명 서라미) 두 명의 공동대표 체제로 운영되고 있다.

17일 <투데이코리아>의 취재를 종합하면, 정명석의 친동생 정용석[8]은 지난 14일 JMS 교단의 공동대표로 이름을 올린 것으로 확인됐다. 이후 17일, 양승남과 정인태가 공동대표직에서 해임됐다.

정용석 대표 선임 건을 두고 다수의 제보자는 "정명석 재판이 불리하게 흘러가자 교주의 가족들이 본격적으로 나서서 노골적

---

8 정용석 : 기독교복음선교회(JMS)에서 활동한 인물로, 정명석의 친동생중 한 명이다. 공식 교단 운영에는 전면적으로 나서지 않았으나, 정명석 재구속 이후 조금씩 움직임을 보이고 있다.

인 교단 장악에 나선 것"이라며 "정범석과 정용석 등 정명석의 가족들은 정조은(본명 김지선)이 교단의 실권을 장악하기 전 실질적인 교단의 실세로 군림한 자들이다"라고 주장했다.

즉, 해당 제보자는 정명석의 가족들이 암암리에 교단에서 회원을 착취해왔는데, 정 씨 재판이 불리하게 돌아가자 이들이 교단을 장악하기 위해 본격적으로 나선 것이라고 내다봤다.

이에 대한 근거로 월명동 자연성전 개발 건을 들었다.

해당 제보자는 "일례로 JMS의 역대 가장 큰 소비 중 하나가 월명동 자연성전 개발 건인데, 정명석의 장제 정범석은 월명동 개발에 필요한 돌과 소나무 등 조경비, 관리비 등을 '동서건설'이라는 본인의 회사로 구매하면서 가격 부풀리기 등의 수법으로 자금을 착복해왔다"라고 거듭 주장했다.

이러한 상황 속에서 정명석의 장제인 정범석의 사생활 논란도 다시 교단 내에서 언급되고 있다.

앞서 정범석은 지난 2000년 5월 23일 창원지방검찰청에서 '윤락행위 방지법 위반' 혐의로 형사 입건되어 송치된 바 있으며, 1995년에는 '산림법 위반' 혐의로 재판에 넘겨지기도 했다.

이를 두고 JMS를 탈퇴한 한 핵심 관계자는 "교단 내 회원을 상대로 성 비리를 저지르거나 윤락업소에 출입하여 경찰에 검거된 바 있는 정범석이 아직까지 교단에 관여하며 영향력을 끼치고 있다는 것이 이해되지 않는다"라며 "정범석에 이어 정용석까지 교단의 핵심으로 끌어들이는 정명석은 수많은 회원은 안중에도 없고 오로지 본인 가족 챙기는 데만 정신이 팔렸다"라고 비판했다.

JMS 정명석 친동생 정범석,
세종시 인근 구매토지 36억원 넘어

2024.02.15

기독교복음선교회(이하 JMS) 교주 정명석의 동생으로 알려진 정범석이 세종시 도계리와 번암리 인근의 토지를 구매하는 데 30억 원 이상을 사용한 사실이 뒤늦게 알려졌다.

14일 <투데이코리아>의 취재를 종합하면, 정범석은 지난 2016년부터 2017년까지 세종시 장군면 도계리와 번암리 일대에 4463㎡(약 1350평)의 토지를 구매한 것으로 확인됐다.

해당 토지 매매에 사용된 돈은 등기부등본 기준 36억 9200만 원으로, 당시 구매된 토지 인근의 현 부동산 거래가는 대지 1평(3.3㎡)당 적게는 400만 원, 많게는 800만 원 이상까지 넓게 형성되어 있었다.

이러한 땅 매입은 한 번에 이뤄지지 않고, 오랜 기간 여러 차례로 나눠서 이뤄졌다.

본지가 확보한 여러 문건에 따르면, 정범석은 지난 2017년 6월 세종시 장군면 도계리 일대 토지 총 2083㎡(약 630평)를 16억 8000만 원에 매입한 것으로 나타났다.

이후 한 달이 지난 시점에서 같은 지역의 토지 117㎡(약 35평)를 7000만 원에 추가 매입했으며, 같은 해인 9월에도 동일한 지역인 도계리의 토지 354㎡(약 107평)를 5억 3000만 원에 사들였다.

이러한 땅 매입은 도계리에서만 이뤄진 것이 아니다.

또 다른 자료에 따르면, 정범석은 지난 2016년 9월 세종시 조치원읍 번암리 일대 토지 1909㎡(약 577평)를 14억 1200만 원에 매입했다.

이를 두고 세종시 내 해당 지역 부동산 관계자들은 본지와의 통화에서 "현재 시세를 대략적으로 말씀드리자면 도계리 쪽의 땅은 평당 600~800만 원 정도, 번암리는 평당 400~600만 원 정도"라며 "세종시 땅값은 지속적으로 올랐고, 특히 2020년과 2021년경 크게 올랐다"라고 주장했다.

해당 관계자는 또한 "2016~2017년에 세종시 땅을 구매했다면 현재 못해도 2배에서 3배는 올랐을 것"이라고 귀띔했다.

이 중 상당수는 지금도 정범석 씨가 소유하고 있으며, 대부분 토지는 취득 당시 대비 1.5배에 달하는 공시지가 상승률을 보였다.

우선 세종시 장군면 도계리 한 필지의 경우 취득 당시 공시지가는 ㎡당 69만 5700원이었으나 현재는 112만 원으로 1.6배 이상 증가했으며, 이 외의 도계리 땅과 조치원읍 번암리 일대의 토지들도 대부분 약 1.5배 오른 것으로 알려졌다.

한편, 정범석의 토지 구매 움직임을 두고 JMS 내부에서도 어느 정도 인지했다는 의혹도 제기됐다.

실제 정조은(본명 김지선)은 지난해 3월 본지와의 통화에서 정범석에 관해 "세종시에 있는 토지, 대전에 소유한 집에 대한 정보가 있다"고 언급한 바 있다.

이와 관련해 다수의 JMS 교단 관계자는 "정조은과 정범석 모두 정명석 출소 시기 전후로 열심히 부동산을 사 모은 정황이 드러났다"라며 "JMS라는 단체보다 개인의 이득을 중시하는 두 사람의 모습이 너무나 닮아있다"라고 말했다.

기독교복음선교회
"수입 헌금 20% 상납하라…
23년 3월 이후 미납분도 송금"

2024.10.21.

기독교복음선교회(이하 JMS) 본부가 각 교회의 수입 헌금의 20%를 상납을 요구하는 공문을 보낸 사실이 뒤늦게 알려져 논란이 일고 있다.

21일 <투데이코리아> 취재를 종합하면, JMS 본부 측은 지난 6월 21일 공문을 통해 각 교회의 수입 헌금 20%를 본부에 납부하라고 요구했다.

'세부 실무 지침'이라는 제목의 공문에서 '상회비-선교회분담금' 납부원칙 준수 항목 1번에는 "정률 회비 : 교회 수입 헌금의 20%(십일조+감사+주일, 전도헌금제외)"라고 적시돼 있었다.

이어 2번에서는 회계 처리 시 헌금 출납 입력 지출부에 '선교회 분담금'으로 처리하라고 적혔으며, 3번에서는 "23년 3월 이후 미납분 확인 및 송금"이라는 문구가 기재돼 있었다.

이를 두고 복수의 JMS 탈퇴자는 "JMS 측에서 공문에서 언급한 23년 3월은 넷플릭스 다큐멘터리 '나는 신이다'가 방영된 시기로, 해당 방송으로 교회들과 신도들이 이탈하면서 본부로 보내는 돈이 줄어들었던 것 같다"라고 입을 모았다.

그러면서 "교주의 범죄행각이 드러나 마음이 떠난 신도들과 각 교회에 미납분까지 입금하라고 종용하는 모습이다"라며 "이는 JMS는 종교단체가 아니라 종교 사업체라는 것을 스스로 증명한 꼴"이라고 꼬집었다.

김시온 기자의
'만들어진 메시아의 추악한 실체' 취재기

정명석은 JMS 내에서 메시아로 추앙받아 왔다. 기독교에서 말하는 메시아는 죄악으로부터 인류를 구원할 존재이자, 대속의 사명을 짊어진 예수 그리스도를 의미한다. 그러나 JMS는 예수의 영이 정명석의 몸에 깃들어 다시 이 땅에 재림했다고 가르쳐왔다.

2008년, 정명석이 성범죄로 징역 10년을 선고받고 복역했을 때조차 JMS의 일부 수뇌부는 이렇게 가르쳤다.

"이 세대가 너무나 악해서, 그 죄를 대신해 메시아이자 시대의 사명자인 선생님이 '시대의 십자가[9]'를 지고 있다."

---

[9] 시대의 십자가 : JMS(기독교복음선교회)가 사용하는 '시대의 십자가'란, 예수가 지고 간 '육적인 십자가'와 달리, '현시대의 구원 사명을 위임받은 사명자(즉, 정명석)가 짊어진 고난과 박해'를 의미한다. JMS 교리는 '모든 진정한 메시아적 사명자는 시대마다 십자가를 지고 핍박을 받는다'고 주장하며, 정명석의 성범죄나 재판, 수감 등을 '시대의 십자가'로 해석해 신도들에게 숭고한 사명의 증거라고 가르쳐 왔다.

정명석의 교도소 수감 자체를 신성화한 것이다.

특히 출소 후 그의 발목에 채워진 전자발찌 역시 '시대의 십자가'라는 상징으로 포장됐다. 죄의 흔적은 오히려 믿음의 증표가 되었고, 법의 판결은 신의 시험으로 왜곡됐다.

정명석의 삶은 성경 속 메시아와는 정반대였다. 사랑과 희생, 겸손으로 인류를 품었던 예수와 달리, 정명석은 '구원자'라는 이름을 빌려 자신의 욕망을 정당화하고 신도들을 지배했다.

이에 대해 한 탈퇴자는 말했다.

"그는 예수가 아니라, 오히려 적그리스도에 가까운 사람이었습니다. 거짓된 신의 가면을 쓴 포식자였죠."

나는 이 질문에서 취재를 시작했다. "어떤 사람이기에, 누군가에게는 메시아였고 또 누군가에게는 지옥이었다는 말이 가능한가?", "그들은 왜 신에 빠졌는가?" 그 해답은 점차 드러났다.

여신도를 상대로 한 '은밀한 교육', 그리고 성 착취 시스템

JMS에는 '월성'이라 불리는 조직이 있다. 겉으로는 여성 지도자 모임이라는 명목을 띠고 있지만, 그 이면에는 교단을 지탱하는 또 다른 권력과 침묵의 구조가 숨어 있다. 월성은 단순한 여성 사역자의 집단이 아니다. 내부 증언에 따르면, 이 조직은 정명석의 성적 착취를 정당화하고 나아가 이러한 행위를 도운 것으로 알려졌다.

월성의 실체를 명확히 알게 된 것은, 자신을 '전반기 월성' 출신이라고 밝힌 탈퇴자의 증언에서였다.

"선배가정국[10] 중 일부 되는 사람들 외에 일반 신도는 알 수가 없죠. 이건 아예 따로 돌아가는 교육이었어요. 우리는…정명석의 '사적인 영역'에 속한 존재들이었죠."

그는 담담하게 말을 이었지만, 나는 한동안 말을 잇지 못했다.

---

10 선배가정국 : JMS 내부 조직 중 하나로, 교단에서 결혼한 부부를 지칭한다. 가정국은 기수에 따라 선배 가정국(1~4기)과 일반 가정국으로 나뉘며, 특히 선배 가정국은 조직의 초창기 핵심 신도들로 이루어져 있다. 이들 사이에서 태어난 자녀들은 '2세'로 불리며, 어릴 때부터 교리교육과 집단활동에 참여하도록 독려된다. JMS에서는 이들 2세를 '원죄가 없는 존재'라 가르치며, 부모 세대의 충성도를 바탕으로 교리를 세습·유지하는 핵심 역할을 담당한다.

"예쁜 여자들을 면담 명목으로 불러 친분을 쌓았어요. 그러곤 어느 날 갑자기 면담한 대상자에게 '월성 교육을 받으라'는 지시가 떨어지죠. 보통 처음에는 그게 무슨 뜻인지 몰라요. 그런데 곧 알게 됩니다."

그가 전한 월성 교육의 내용은 충격 그 자체였다.

"여자에게는 다섯 개의 구멍이 있다. 입, 성기, 항문… 그 중 제일 맛있는 건 항문이다."

그는 고개를 떨구며 덧붙였다.

"그런 말들을… 교육이라는 이름으로 들었습니다. 지금도 잊히지 않아요."

정명석이 월성 멤버들에게 직접 전한 '가르침'이었다. 듣는 사람은 신도였고, 가르치는 사람은 자칭 '메시아'였다.

해외 도피 기간에도 이어진 정명석의 성 착취

그의 엽기적인 성 착취는 국내에 있을 때뿐 아니라, 해외 도피 중에도 계속됐다. 2000년대 중반, 정명석은 성범죄 수사망을 피해 중국과 홍콩 등지로 도피하는 중에도 지속됐다.

해외를 도피하던 도중 그는 여신도들의 나체 영상을 받아본 것으로 파악된다.

해당 영상에는 월성 등 교역자 외에 입교한 지 얼마 지나지 않은 여신도들도 포함됐다. 이들의 경우 자발적인 의사가 아닌 목회자의 가스라이팅 때문에 영상을 촬영하게 된 것으로 나타났다.

영상에 등장한 한 탈퇴자는 당시를 회상하며 눈물을 흘렸다. 그리고 이렇게 말했다.

"저는 대학 신입생 시절 JMS에 전도되어 30개론 교리를 통해 정명석이 '재림 메시아'라고 세뇌되었습니다. 그래서 결혼하지 않고 마음, 뜻, 목숨 다해 시대의 '주님' 정명석을 증거하며 살겠다고 다짐하며 상록수¹¹가 되었습니다."

"그러던 중 정명석에게 보낼 영상을 촬영하러 캠퍼스사무국¹² 으로 오라는 말을 듣고, 의상을 준비해 갔습니다. 그곳에는 정명석의 사진과 정명석의 영이 앉아 있다는 빈 의자가 있었으며, 캠퍼스중앙¹³ 및 지역 교역자와 순회사¹⁴ 등 상위직급 인물들이 함께 있었습니다."

"옷을 갈아입으려 하자 지도자들은 이렇게 말했습니다. 'XX언니도 벗고 찍었고, XX이도 벗고 찍을 거야. 노아가 벌거벗고 하나님께 영광 돌리는 것과 같은 거야'라고 말이에요."

---

11 '상록수 : 신도들 사이에서 조직에 대한 헌신과 충성을 상징적으로 일컫는 호칭으로 사용된다. 특히 결혼도 하지 않고 오직 정명석에게 인생을 받치겠다는 의미도 내포된다. 즉, '늘 푸른 나무처럼 변치 않는 믿음'을 강조하는 표현이다.

12 캠퍼스사무국 : 대학생 선교를 전담하는 핵심 부서다. 주로 전국 각지의 대학캠퍼스에서 신입생 포교, 학내 모임 조직, 동아리 위장 활동 등을 기획·실행한다. JMS 교세 확장의 가장 중요한 창구로 여겨졌으며, 내부에서는 '미래 지도자 양성'과 '캠퍼스 복음화'를 사명으로 내세운다. 교단 내에서는 청년·대학생 신도 조직의 중심축 역할을 한다.

13 캠퍼스중앙 : 전국 대학생 사역을 총괄하는 상위 조직이다. '캠퍼스사무국'이 각 지역별 대학 선교를 운영·관리한다면, 캠퍼스중앙은 그 전체 기획과 전략, 운영 방침을 결정하는 컨트롤타워 역할을 한다. JMS 성장기의 주요 포교 전략과 청년 조직 체계를 기획·감독하며, 대학생 리더 양성 및 인재 발굴에도 핵심적인 권한을 가진 부서로 알려져 있다.

14 순회사 : 전국을 순회하며 점검·교육·감독하는 역할을 맡는 부서이다. '순회사' 소속 인력은 JMS의 핵심 교리 및 행정 지침을 하부 조직에 전달하고, 지도자 교육과 신도 관리, 인사 평가 등을 수행한다. JMS 성장기에 '순회사'는 전국 교회 조직 통제와 동향 파악의 중심 기구로 기능했으며, 특히 탈퇴 방지와 내부 결속을 유지하는 주요 수단으로 활용됐다.

"당시 만 19세였던 저는 수료한 지 얼마 지나지 않은 상태였기에 '믿음이 부족한 자'로 보고 될까 두려웠습니다. 그래서 벗기 싫었지만 결국 촬영에 응할 수밖에 없었습니다."

"촬영 당시, '빨리 끝났으면 좋겠다'는 제 마음속 외침과, 지도자들이 카메라 앞에서 말하는 포즈와 표정을 따라 하며 느낀 수치심으로 뒤섞인 기억이 지금도 생생합니다."

"영상을 찍은 JMS는 그 영상을 지우지 않았고, 결국 유출이 되어 퍼져나가게 되었습니다. 그 영상에는 단지 몸만 담긴 것이 아니었습니다. 출신 대학, 이름, 신체 사이즈 같은 철저히 식별 가능한 개인정보가 담겨 있었습니다."

"그런데 막상 그 영상이 세상에 공개되자 JMS는 '우리를 공격하려고 누군가 AV 배우를 섭외해서 만든 영상'이라고 주장하거나, '개인의 일탈이다. 열성 신도들이 자기들끼리 자발적으로 찍은 것이지 교단과 선생님은 전혀 무관하다'라면서 2차 가해를 했습니다"

정명석의 성 착취는 교단을 떠난 지 10년이 넘은 지금까지도, 피해자에게 끝나지 않은 악몽으로 남아 있다.

그날의 수치심과 두려움, 그리고 '믿음이 부족한 자'로 낙인찍힐까 봐 어쩔 수 없이 따랐던 강요의 기억은, 시간이 흘러도 쉽게 지워지지 않는다.

세뇌된 신앙심 속에서 벗기를 주저하던 소녀는 '믿음이 약한 자'라는 낙인이 두려워 결국 카메라 앞에 섰고, 그 순간부터 그녀의 청춘은 거짓된 신앙에 저당 잡혔다.

하지만 가장 끔찍했던 것은, 그 영상을 받은 대상이 자신이 믿었던 '가짜 재림 메시아' 정명석이었다는 사실일 것이다.

그리고 그 진실을 누구보다 잘 알고 있었던 교단 지도자들은 "다른 언니들도 다 했다"며 이미 수많은 여신도가 같은 방식으로 몸을 내어줬음을 은근히 암시하며 압박했다.

'이건 특별한 일이 아니야, 너도 그렇게 하면 돼.' 그렇게 말하며 개인의 수치심과 저항감조차 '믿음의 연단'으로 포장되었다.

그날 찍힌 영상은 단지 한 사람의 육체만을 담은 것이 아니었다. 그것은 조직이 신도에게 가한 심리적 강요, 신앙을 명분 삼은 성 착취, 그리고 비밀스럽게 반복돼 온 구조적 범죄의 증거였다.

그리고 그 영상은 끝내 삭제되지 않았다. 시간이 흘러 유출되었고, 세상에 알려졌으며, 피해자는 자신의 얼굴과 이름, 몸의 사이즈까지 담긴 영상을 더 이상 감출 수 없는 현실 앞에 마주 서야 했다.

심지어 그 영상이 유출된 뒤에도 JMS 측은 사과하지 않았다. 오히려 피해자의 신원을 은폐하고 영상의 진위를 부정하며, "AV 배우를 섭외해 악의적으로 만든 조작 영상"이라거나 "개인의 일탈일 뿐"이라는 말을 반복했다.

교단이 직접 만들고 보낸 영상임에도, 이를 '자발적'이라고 말하고 있으며 교단과 정명석은 무관하다고 주장하고 있다.

교도소 철창도 막을 수 없었던
정명석의 성 착취

정명석은 도피 중에도 여성 신도들의 나체 영상을 받아보며 국경 너머에서도 지배력을 유지했다. 그리고 마침내 2008년 구속된 이후에도, 그의 성 착취는 멈추지 않았다. 오히려 더욱 교묘해졌다.

정명석은 성범죄를 저질러 수감 됐음에도, JMS 내부에서는 감옥은 '십자가'로, 감금은 '고난'으로 포장되었다. 신도들은 오히려 더 많은 편지를 썼고, 편지에는 신앙 고백과 함께 신체 정보와 사진이 담기기도 했다.

교단의 관계자는 특정 여신도들의 프로필을 '선생님이 좋아할 만한 스타일'로 꾸며 보내기도 했다. 이는 성도 개인의 자발적 행위가 아니라, 교단 내 누군가에 의해 일어난 조직적이고 시스템적인 일이었다.

이에 정명석은 수감 중에도 여신도의 프로필과 사진을 받거나, 성기를 꽃 수술이나 종유석에 합성한 사진을 받아봤다. 그가 감옥에서 받은 편지와 문서들은 신앙 상담을 위한 종교적인 것들이 아닌, 성범죄자 개인의 성적 판타지를 실현하기 위한 도구일 뿐이었다. 면담 대상자 선정은 교도소 안에서 이루어졌고, 감옥 바깥에선 그의 수족들이 명령을 받아 실행했다.

이는 JMS라는 조직 내에 '신의 이름으로 성 착취를 허용하고 조직화한 집단'이 존재했음을 드러낸다.

특히 정명석은 종종 편지로 특정 여신도들에게 "내가 안 해줘서 하고 싶지 않냐?", "혼자 할 때 너희를 생각하며 한다", "내가 잘 못해줄 때는 너희끼리 하라"는 내용을 담아 보냈다. '메시아'의 종교적 메시지가 아닌, '성범죄를 일으킨 사이비 교주'의 음란 지시였던 것이다. 특히 마지막 구절은 동성애 행위를 조장한 것으로 해석된다.

월성 출신 탈퇴자들은 이 교육이 단순한 일회성 음담패설이 아니라고 말한다. 그것은 분명히 체계적이고 반복적인 교육이었다는 것이다.

이 과정에서 정조은이라는 JMS의 2인자가 인물이 이 구조를 알고도 침묵했거나, 동조했다는 증언이 쏟아졌다.

정조은은 JMS 내에서 단순한 2인자가 아니었다. 그녀는 JMS 안에서 '성령의 상징체' 등으로 불렸다. 교리 해석권과 내부 보고 체계를 장악한 실질적 권력자였다.

정조은은 정명석의 여신도 성범죄 혐의에 자신이 거론되는 것에 대해 2023년 3월 21일 전화 통화에서 이렇게 말했다.

"5가지 구멍 이야기를 비롯한 월성 교육 내용은 사실이며, 들어서 알고 있습니다. 하지만 제가 여성 신도를 선생님에게 연결하거나 그랬다는 것은 결코 사실이 아닙니다."

하지만 복수의 탈퇴자들은 이와 상반된 주장을 내놓았다.

"정조은이 정명석 침소에 누가 들어가고 나왔는지까지 다 알고 있었습니다. 정명석에게 가기까지 정조은이 마지막 통과자였습니다."

정조은은 '몰랐다'고 부인했지만, 너무 많은 사람이 그녀가 정명석을 돕거나 방조했다고 증언하고 나선 것이다. 그 증언은 구체적이며, 반복적이었다.

그리고 현재, 정조은은 실제로 정명석의 성범죄 행위에 대한 공범 혐의가 인정돼 감옥에 수감됐다.

정명석의 성적 착취, 그리고 이를 도운 정조은과 월성 등은 여러 피해자의 인생에 지워지지 않는 흉터를 남겼다.

한 탈퇴자는 눈을 감고 이렇게 말했다.

"정명석은 우리에게 거짓된 희망을 주었어요. 구원을 말하면서 우리를 소비했어요. 그는 메시아가 아니라, 우리의 믿음을 배신한 사람입니다."

또 다른 탈퇴자는 조용히 울먹이며 말했다.

"그 사람을 믿은 게 제 인생의 가장 큰 죄였어요. 제 믿음을… 그렇게 더럽혔다는 게… 지금도 너무 괴로워요."

그녀는 울었다. 그 눈물은 단순한 고백이 아니었다. 자신이 그를 믿었다는 사실, 그 믿음이 거짓된 신의 이름 아래 철저히 소비됐다는 현실, 그것이 그녀를 무너뜨렸다. 정명석은 '구원'을 약속했지만, 그녀에게 남은 것은 오염된 믿음과 지워지지 않는 수치심뿐이었다.

구원의 이름 아래 계급화된 신앙,
그리고 '황금성'의 덫

JMS는 철저한 계급 구조를 중심으로 신앙과 구원을 정의하는 집단이다. 이들은 말한다.

"모든 사람이 천국에 가는 것이 아니다."

하지만 그 천국마저도 단일하지 않다. JMS에서 가르치는 '천국'은 계단식 구조로 나뉜다. 누구는 보석으로 치장된 성에 들어가고, 누구는 그 문턱에도 닿지 못한다.

그중에서도 최고 단계의 구원은 '황금성[15] 구원'이라 불린다. JMS 측은 "천국에는 실제 황금으로 된 성이 존재하며, 그곳은 선생님(정명석)과 가장 가까운 자만이 들어간다"라고 가르친다. 그리고 이 황금성의 자격은 오직 충성도와 헌신도로 판가름 난다고 말한다.

---

15 황금성 : 교리상 신도들이 궁극적으로 도달해야 할 최고의 천국을 뜻한다. JMS의 교리에 따르면 천국은 여러 단계(예: 100선, 200선, 300선 등)로 구분되며, 이 단계들을 통과해야만 '황금성'에 들어갈 수 있다고 주장한다. '황금성'은 오직 이 시대에 JMS에 속한 신도만이 도달할 수 있는 구원의 결실로 설명되며, 이를 위해 철저한 헌신과 지속적인 기도, 교리 실천이 요구된다. JMS 내부에서는 이곳이 최종적 영적 완성을 이루는 장소로 강조된다.

신도들은 구원을 '선'이라는 숫자로 인식하게 된다. '100선', '200선', '1500선'이라는 표현은 구원받은 사람의 등급을 수치화한 용어다. '높은 선에 들어간다'는 말은, 곧 정명석에서 가장 가까운 자리, 영적 계급의 상층부, 황금성에 들어갈 자격이 있다는 뜻으로 사용된다.

이 숫자는 결코 단순한 상징이 아니다. 구체적으로 신도들의 전도 실적, 헌금 규모, 봉사 시간, 말씀 필사 횟수, 월명동 순례 빈도, 영상 교육 이수 정도 등을 종합해 일종의 '구원 점수'로 환산된다. 구원이 은혜가 아니라 채점의 대상이 되는 것이다.

이러한 교리는 자연스럽게 신도 간 경쟁 심리를 낳는다. "누가 더 많은 선을 쌓았는가?", "누가 더 빠르게 1000선을 넘었는가?", "누가 더 많은 구역을 맡았는가?" JMS의 신앙생활은 본질적으로 성화가 아니라, 랭킹게임에 가까웠다.

이런 구조는 곧바로 경제적 착취와 노동력 동원의 수단으로 이어졌다. 특히 '월명동 자연성전' 건설은 이 구원 계급제의 시험장이었다. 자연성전을 짓는 데 필요한 돌을 나르고, 흙을 고르고, 잔디를 깔고, 물길을 정비하는 '노동 신앙'이 곧 신의 눈에 드는 행위로 여겨졌다.

신도들에게는 "월명동에서 흙 한 줌을 더 날라야, 선이 쌓인다"라는 식의 구호가 머리에 박혔고, 성전 건축에 참여한 횟수나 헌금 액수는 고스란히 '황금성의 자격'으로 반영됐다.

결과적으로 많은 신도가 정규 직장을 포기하거나 휴직한 채 월명동으로 향했고, 수억 원대의 사재를 털어 건축 자금으로 바쳤다. 누군가는 부모가 숨겨둔 노후 자금을 헌금했고, 누군가는 보험을 해약하고 신용대출을 받았다. 그러나 그 대가는 종종 아무도 기록하지 않는 '선의 누계표'에 적힌 숫자 하나에 불과했다.

한 탈퇴자는 이렇게 말했다.

"죽을힘을 다해 돌을 날랐습니다. 그게 주님을 사랑하는 거라 배웠으니까요. 그런데 나중에 깨달았어요. 황금성은 없더군요. 제 청춘과 노동, 돈이 갔던 곳엔 오직 정명석의 이름만 남아 있었습니다."

그는 "구원은 거래의 대상이 아니라고 배웠지만, JMS는 그 거래를 시스템으로 만들었다"며 신앙을 자본과 노동으로 환산하는 구조적 종교 착취를 증언했다.

황금성 직행열차
'월명동 자연성전' 건축

이를 가장 적나라하게 보여주는 사례가 바로 '월명동 자연성전' 건축을 둘러싼 노동력 착취와 재산 헌납 구조다.

정명석의 고향인 충남 금산군 월명동. JMS는 이곳에 거대한 성전을 세우고, 이를 '자연성전'이라 명명해 성지화했다. 자연성전의 첫 공사는 1990년대 초에 시작돼 25년 넘게 이어졌다.

문제는 그 공사 방식이었다. 공사에 투입된 다수는 일반 신도들이었고, 여성 신도도 예외가 아니었다. 대형 바위 조경처럼 위험하고 전문 기술이 요구되는 작업에도 전문가 없이 일반 신도들이 투입됐으며, 보호 장비도 없이 작업에 나선 사례가 빈번했다.

실제로 자연성전 공사 현장에 참여한 탈퇴자는 이렇게 말했다.

"지금 회상해보면 너무나 아찔한데요, 앞산 돌 조경이 여러 번 넘어졌음에도 보호 장비도 착용하지 않은 채 작업했습니다. 안전 교육이나 산재도 없는 상태로 작업했고, 전문가도 없는 상황이었습니다."

실제로 위험천만한 사고가 여러 번 일어났다는 사실을 확인할 수 있었다. JMS 홈페이지에 공개된 한 글에는 다음과 같은 내용의 글이 올라왔다.

"너무나도 다급하고 경악스런 소리를 질렀다. 아악! 어어! 비켜!", "돌이 승용차 12대 무게였으니 생각만 해도 아찔하다."

이뿐만이 아니다. 전문가의 우려를 무시한 채 작업을 강행했다는 내용의 글도 찾아볼수 있었다. JMS 홈페이지 '1997년 10월 23일 아침 말씀'에 적힌 글이다.

"이번에는 칼날같이 날이 보이도록 쌓으라고 말씀하셨다. 납작하게 쌓지 말고 칼날이 보이게 쌓으라고 했다. 하지만 크레인 사장은 세워서 넘어진 것이라고 이번에는 눕혀야지 세워서는 절대로 안 된다고 했다."

이런 위험한 상황 속에서 작업은 야간에도 지속됐다. 한 탈퇴자는 당시를 회상하며 이렇게 말했다.

"월명동 자연성전 공사는 밤에도, 비가 올 때도 지속되는 경우가 많았습니다. 밤에 작업할 때 역시 보호 장비를 착용한 사람은 거의 없었으며, 무거운 바위를 다루는 작업조차 밤에 이루어지는 경우가 있었습니다."

심지어 공사 도중 사람이 죽었음에도 이런 방식의 공사는 강행됐다고 탈퇴자는 울분을 터뜨렸다.

"월명동 자연성전 돌 조경 작업 당시 사망 사건까지 있었으나 다들 쉬쉬하는 분위기였습니다. 하지만 이후에도 크게 달라진 것은 없었습니다."

JMS 신도들이 이렇듯 위험한 환경 속에서 목숨을 내놓고 작업에 뛰어든 이유는 무엇이었을까? 자연성전 건축에 참여했던 탈퇴자들은 이렇게 설명했다.

"정명석이 메시아라고 믿었고, 그런 메시아를 위한 성전 건축은 우리에게 너무 큰 기쁨이었습니다. 이 땅에서 힘들고 지칠지라도 천국에서, 황금성에서 영원한 시간을 누릴 생각을 하니 무섭지도, 힘들지도 않았습니다."

"하지만 정명석이 범죄자임을, 종교사기꾼임을 깨닫고 나서는 정말 많이 후회했습니다. 이래서 가스라이팅이 무서운 것입니다."

이렇듯 신도들은 정명석을 메시아로 믿었기 때문에, 위험천만한 공사 현장에 자기 몸을 내던진 것이다.

자연성전 공사에 녹아 들어간 것은 신도들의 노동력뿐만이 아니다. 이 공사에 신도들의 막대한 재정이 투입됐다.

자연성전 건축을 위해 집을 팔아 돈을 내놓은 신도도 많았고, 심지어는 막대한 빚을 내서 정명석에게 헌납한 신도도 다수 존재했다.

정명석은 신도들에게 '하나님께 바치는 집'이라 말했지만, 결국 그 성전은 누구의 소유였는가? 성스러운 미명하에 지어진 건축물은, 실은 한 사람의 사유 공간이자 숭배 시스템의 물리적 상징이었다.

끊이지 않는 성전 건축,
고혈을 빨리는 신도들

성전 건축이라는 명목으로 신도들이 자신의 소유를 내놓거나 빚을 내는 행위는 이후에도 이어졌다.

"교단별로 부동산을 취득하는 방식이나 스타일이 있는 것이 아니겠습니까? 개인 명의로 구매하는 것이 JMS의 스타일입니다."

2023년 3월 20일 정조은을 만날 당시 함께 나온 재정위원 장로가 내뱉은 말이다.

이 말을 들었을 당시에는 이 말이 온전히 이해되지 않았다. 하지만, 이후 취재를 진행하면서 이 말의 진정한 의미를 알게 됐다.

JMS는 교회 부동산을 취득할 때 개척 교회에 함께할 교인 수에 따라 각각 두 가지 방법 중 한 가지를 선택한다.

우선 개척 교회의 신도 수가 300명 미만일 경우에는 신도 중에서 가장 신용이 좋은 이가 개인적으로 은행으로부터 거액을 대출받고, 부족한 비용은 신도들 개개인에게 '건축 헌금'이라는 명목으로 배당한다.

이 과정에서 돈이 없는 신도는 여유가 있는 신도에게 돈을 빌리게 되는데, 이 같은 개인 간의 돈거래는 단순한 금전 문제가 아니었다. 채무를 진 신도는 '신앙의 빚'까지 떠안았고, 이 관계는 서열과 감시, 통제의 구조로 이어졌다.

'형제자매 사이의 신뢰'를 빌미로 이루어진 빚은 사적 채권이 아닌 신앙 공동체 내 암묵적 감시 체계를 만들어 냈다.

그 결과, 탈퇴를 고민하던 이들은 자신이 빚진 상대에게 '믿음이 흔들렸다'라는 이유로 손가락질을 당했고, 심지어 '배신자'라는 낙인이 채무 관계를 통해 강화되었다.

개척 교회의 신도 수가 300명이 넘는 경우는 다른 방식으로 부동산을 취득한다.

이들은 '고유번호증 약식 법인으로 보는 비영리 단체'를 만든 뒤 단체 명의로 대출받는다. 이후 부족한 금액은 앞서 언급한 바와 같이 신도들 개인에게 일정 금액의 배당을 부여하거나 보증을 서게 만든다.

두 방법 모두 JMS 교단으로부터 지원받지 않고 신도들끼리 자체적으로 비용을 들인다는 점과 빚을 청산한 이후에는 JMS 교단으로 헌납한다는 공통점이 있다.

즉, 개인 명의로 취득한 성전 건물은 명의만 신도일 뿐, 실질적 통제권은 교단 간부와 정명석 측에 있는 것이다.

건물 관리, 예배권한, 방문 승인 권한 등은 모두 교단 측이 행사했으며, 실질적으로는 개인이 지은 건물 안에서조차 '개인의 자율성'은 존재하지 않았다.

이는 신도들의 재산이 단순히 헌신으로 소모된 것이 아니라, 교리와 시스템을 통해 지속적으로 회수되고 통제되는 방식으로 구조화된 셈이었다.

이렇게 힘들게 취득한 부동산을 아무런 조건 없이 JMS 교단에 받치는 이유가 뭘까? 이 역시도 구원에 대한 그릇된 가스라이팅이 영향을 줬다고 제보자들은 입을 모아 말했다.

"정명석을 메시아로 믿기 때문에, 메시아에게 가장 좋은 것을 드리는 것이 제일 큰 기쁨이라는 인식이 자리잡고 있습니다. 그래서 빚을 갚고 자발적으로 JMS 교단으로 명의를 넘깁니다. 또 분위기 자체도가 반강제적입니다."

신도들에게 '정명석에게 바치는 최고의 것'은 단순한 은유가 아니었다. 집 한 채, 직업, 가족관계, 심지어는 미래의 삶 자체까지 헌신의 재료로 여겨졌다. 헌금이나 재산 헌납을 주저하는 순간, '믿음이 부족한 자'라는 낙인이 찍히는 건 시간문제였다.

이러한 집단 심리는 시간이 지날수록 신도들 내부에 '나는 충분히 드렸는가?'라는 신앙적 강박을 형성했다.

결국 JMS는 '소유를 포기해야 천국에 갈 수 있다'라는 식의 교리적 명분으로 신도의 삶 전체를 담보로 잡는 시스템을 완성한 셈이었다.

구원에 대한 왜곡된 인식과 가스라이팅은 신도들을 JMS 교단에 더욱 깊이 종속되도록 만들었고, 신도들은 구원을 얻기 위해 정명석과 JMS에 모든 것을 바쳐야 한다는 강박관념에 사로잡히게 되어버린 것이다.

그들이 팔았던 건 집 한 채가 아니었다. 부모의 노후 자금, 자녀의 학자금, 자신의 청춘이었다. 그리고 그들은 그것이 구원의 길이라고 믿었다. 믿음은 개인의 선택이지만, 그 믿음을 오도하고 이용한 시스템은 결코 개인의 문제가 아니다.

JMS는 믿음을 명령했고, 헌신을 수치화했으며, 재산을 신앙의 증명으로 만들었다. 그 속에서 신도들은 어느 순간부터 자발적인 순종이 아니라, 체계화된 착취의 톱니바퀴가 되어 있었다.

그들은 믿었다. 하늘에 드린 재산은 영원한 보상으로 돌아온다고. 하지만 현실에서 돌아온 것은 채무 관계, 공동체 내 낙인, 벗어날 수 없는 심리적 감옥이었다. 이 신앙은 기쁨이 아니라, 두려움과 죄책감으로 작동하는 종교적 감시체계였다.

'암'도 낫는 만병통치약 '월명수', 드러나는 실체

정명석은 자신을 메시아라 자처하며 모든 일상에 신비의 의미를 부여하곤 했다. 그중 하나가 바로 '월명수'다.

충남 금산군 진산면 석막리, 그가 성지로 조성한 월명동 자연성전에서 길어 올린 이 지하수는, JMS 내에선 단순한 물이 아니었다.

정명석은 신도들에게 월명수를 마시면 피부병이 낫고, 성인병이 사라지며, 심지어 암까지 치유된다고 가르쳤다. 교단은 이 물을 '기적의 약수'로 포장했고, 신도들은 그것이 메시아의 축복이 깃든 물이라며 맹신했다.

2019년에는 JMS 교단이 직접 나서 '기적의 약수, 월명수'라는 잡지를 펴냈다.

책자 안에는 수많은 간증이 실려 있었다. 피부염이 가라앉고, 불치병이 호전됐으며, 병원에서 희망이 없다고 했던 환자가 월명수를 마시고 기적처럼 회복됐다는 이야기들이었다. 신비한 치유력은 정명석의 설교에도 반복적으로 등장했고, 그는 신도들에게 월명수를 꼭 마시라고 당부했다.

해당 잡지는 단순한 체험 수기집이 아니었다. 이 책자에는 '치유된 병의 종류', '의사의 진단서', '전후 비교 사진' 등 실증성을 강조하는 요소들이 반복적으로 제시됐다.

그러나 정작 그 어떤 의료적 검증 자료나 과학적 근거는 존재하지 않았다. 대신, 간증의 핵심엔 늘 정명석의 메시지, 월명수를 마시게 된 '믿음의 계기', 기도와 연결된 행위가 전제되어 있었다.

이런 구조는 신도들에게 "기적은 곧 메시아의 증거이며, 그 메시아는 정명석"이라는 신념을 정서적으로 강화하는 장치였다. 의심이 싹틀 때마다 간증을 반복해서 읽고, 그 안에서 자신의 병도 낫기를 기대하게 만든다.

이로 인해 신도들은 점점 더 비판적 사고를 멈추고, '믿음의 효능'을 증명하기 위해 스스로 체험을 조작하거나, 과장하는 단계까지 이르렀다는 증언도 존재한다.

월명수는 단지 성지에서만 마시는 물이 아니었다. JMS는 이 지하수를 '믿음의 상품'으로 체계적으로 유통 구조를 만들었다. 월명동에서 채취된 물은 생수병에 담겨 각 지역 교회의 총무에게 '묶음 단위'로 공급됐고, 이후 신도 요청에 따라 택배 또는 방문 수령 방식으로 배급됐다.

JMS 측 자체 통계에 따르면, 2019년 한 해에만 약 8만 6천 병의 월명수가 전국 각지로 배송됐다 단순 계산으로만 따져도, 연간 매출은 8억 6천만 원(2리터 기준 1만 원) 이상이다.

해외 신도들에게는 1병당 40달러에 판매되었으며, 일부 국가는 배송비를 제외하고도 1박스당 20만 원을 넘게 지불했다는 증언도 존재한다. 판매는 적어도 2014년부터 2022년까지 8년간 지속된 것으로 확인된다.

이 기간 수익은 수십억 원에 이를 것으로 추산되는데, 명수 수익은 대부분 공식 회계가 아닌 개인 계좌로 유통되었다는 점에서 단순한 종교 행위가 아닌 '탈세성 조직범죄'의 정황도 의심해 볼 수 있다.

수익 흐름을 추적할 수 없는 구조는 곧 정명석과 핵심 지도부가 '헌금과 헌신의 흐름 전반'을 장악했다는 뜻이다.

이 구조는 외부 감사를 철저히 차단할 수 있을 뿐만 아니라, 내부 구성원조차 회계 흐름을 알 수 없게 만든 폐쇄적 체계였다.

제보자들은 이처럼 교회 회계가 아닌 개인 계좌로 수익이 흘러간 구조가 조직적인 탈세 의혹을 뒷받침한다고 주장했다.

그러나 문제는 단순히 돈에 있지 않았다. 이 물은 식수로 등록된 적이 없었고, 허가를 받지도 않은 채 수년간 판매가 이뤄졌다.

먹는샘물로 지정되기 위해서는 지자체의 허가, 정수 설비, 관리 시스템이 필수적이지만, JMS는 어떠한 요건도 충족하지 않았다.

금산군청은 "등록된 업체가 JMS는 아니다"라고 밝혔고, 더 나아가, 이 물이 병을 고친다고 주장하며 판매한 것은 명백한 허위·과장 광고이자, 보건법 위반 소지도 있다.

실제로 충남도청 물관리정책과 지하수팀은 실태 파악을 위해 직접 월명동 현장을 조사했고, 2023년 7월 20일 금산경찰서에 정식 고발장을 접수했다.

본격적인 수사에 돌입한 경찰은 대량 유통 정황과 증거 자료를 확보했고, 관련 인물들의 진술도 확보했다. 그 결과, 2024년 1월 11일, 정명석과 JMS 전 대표 양승남은 먹는물관리법 위반 혐의로 대전지검에 송치됐다. 정명석 본인은 수감 중이었음에도 체포영장을 발부받아 직접 조사받았고, 수사팀은 "정명석도 해당 사안을 처음 듣는다는 태도였다"고 밝혔다.

누군가는 그 물을 마시며 간절한 마음으로 병이 낫기를 기도했고, 또 다른 누군가는 그 물을 배급하며 믿음을 돈으로 환산했다.

기적의 물로 포장된 월명수는 결국, 미신과 사기, 불법 유통, 그리고 종교를 도구 삼은 범죄로 귀결되었다. 그리고 정명석은 또 하나의 혐의를 안은 채, 법의 심판대 위에 올라서게 되었다.

정명석을 잇는 그의 가족들, 그리고 끊임없는 수탈

정명석이 법정에 선 뒤, JMS 교단은 무너졌을까? 아니다. 정조은까지 사라진 지금, 그의 친가족들은 정명석의 그림자를 업고 교단 운영에 본격적으로 나선듯하다.

그중에서도 눈에 띄는 이는 바로 정명석의 친동생 정용석과 정범석이다.

2023년 8월 14일, 교단은 정용석을 공동대표로 임명했다. 이는 단지 조직 내 직책 임명의 문제가 아니었다. '영적 계시'라는 이름으로 시작된 집단이, 결국 '혈연'이라는 가장 세속적인 방식으로 권력을 재편한 것이다.

JMS는 교리를 통해 하늘의 질서를 말했지만, 내부 질서는 철저히 '가족 경영', '형제 권력'이라는 땅의 법칙에 따라 움직였다.

정범석 역시 오랜 시간 월명동 자연성전의 조경과 설계, 관리를 총괄하며, 교단 내부 권력의 중추를 형성해왔다. 그는 정조은과 함께 재정의 실권을 쥐고 있었으며, 내부 제보에 따르면 각종 비리와 성범죄 연루 의혹의 중심 인물로 지목되고 있다.

정범석은 '동서건설'이라는 본인 명의의 업체를 통해, 교단의 공사 자재인 돌과 나무를 납품하며 가격을 부풀리는 방식으로 수익을 챙겼다는 증언도 잇따랐다.

그가 소유한 부동산만 해도 세종시 도계리와 번암리 일대에 걸쳐 있으며, 취득 시점은 정명석 출소 직전으로, 교단 안팎에서는 "정명석이 감시할 수 없는 공백기에 사익을 추구했다"는 해석이 나오기도 했다.

이러한 가족 중심의 교단 운영은, 신도들에게 또 다른 방식의 착취로 이어졌다.

정명석의 범죄가 사회적으로 드러난 이후에도, 교단은 후퇴는커녕 오히려 재정 수탈의 강도를 높여갔다. 그 정점에 있었던 사건이 바로 '20% 상납 공문'이다.

2023년 6월 21일, 기독교복음선교회 본부는 전국 각 교회에 하나의 공문을 전달했다. 공문 제목은 '상회비-선교회분담금 납부 원칙 준수'. 표현은 점잖았지만, 그 실질은 교단의 재정 위기 속 신도들의 호주머니를 겨냥한 전방위 수탈이었다.

본부는 교회별 월간 헌금액의 20%를 납부하라는 이 지침을 '원칙'이라 불렀다. 마치 신앙의 당위처럼 포장된 이 표현 속에는, 어떤 토론도 허락하지 않는 권위적 통치의 언어가 깃들어 있었다.

  십일조, 감사헌금, 주일헌금, 전도헌금을 제외한 나머지 헌금의 5분의 1을 상납하라는 이 문서는, 마치 종교의 탈을 쓴 가맹점 본사 같았다. 교회는 가맹점, 신도는 소비자, 그리고 본부는 매달 로열티를 거둬가는 실체였다.

  공문에는 심지어 '2023년 3월 이후 미납분 확인 및 송금'이라는 문구도 적혀 있었다. 이 문장은 단순한 회계 요청이 아니었다. 교단의 비윤리적 권력이 신도들에게 얼마나 '무감각한 채무관계'를 요구하고 있는지를 드러내는 냉소의 언어였다.

  이 시기는 우연히도, 넷플릭스 다큐멘터리 <나는 신이다>가 방영되며 교단에 대대적인 탈퇴 바람이 일었던 시점과 맞물린다. 신도 수가 급감하고 교회 운영이 흔들릴 때, 본부는 오히려 미납금을 추궁하고, 성도들에게 본부에 헌금하라는 압박을 가한 것이다.

  이 소식을 접한 한 탈퇴자는 이렇게 말했다.

  "메시아가 범죄자라는 사실이 드러났고, 교인들이 상처를 입어 교회를 떠난 상황인데도, 본부는 그런 사람들에게까지 '돈을 내라'고 강요하고 있어요. 이건 신앙이 아니라 장사예요."

  실제로 JMS는 오래전부터 조직적인 헌금 구조를 갖추고 있었다. 각 교회는 본부에 헌금 상황을 보고하고, 정률 회비를 납부했으며, 누구도 정확한 수입과 지출을 알 수 없었고, '믿음이니까'라는 말은 회계의 불투명성을 묵인하는 면죄부로 작동했다.

신도들은 헌금을 '하늘 창고에 드리는 것'이라 배웠지만, 실제로 그 창고의 위치와 열쇠는 특정 가족의 손에 있었다. 교단은 이를 '선교를 위한 헌신'이라고 표현했지만, 실상은 신도들의 주머니를 끝없이 털어내는 시스템이었다.

정명석이 시작하고, 그의 가족이 이어받은 이 시스템은 그의 구속과 재판 이후에도 건재했다.

오히려 교주가 사라진 자리를 '혈연의 정당성'으로 메우며, 신도들의 헌금을 끌어모으는 데 더욱 적극적으로 나선 것으로 보인다.

신도들은 여전히 '교회'라는 이름 아래에서, 마치 구원의 대가처럼 모든 것을 바쳐야 했다. 물 한 병조차 메시아의 축복으로 포장되었고, 그를 위해 세운 건축물에는 목숨을 걸었으며, 마침내 그의 가족들에게 삶의 수익까지 넘겨야 했다.

공문 한 장이 보여준 진실은 이랬다. JMS는 더 이상 종교가 아니었다. 그것은 사람의 믿음을 수익 구조로 전환한, 종교라는 외피를 쓴 사적 기업이었다.

정명석은 교주였고, 그의 가족들은 지배인이었다. 믿음은 상품이 되었고, 축복은 과금된 서비스처럼 제공됐다.

'신의 말씀'은 가난한 자를 부유하게 하지 못했지만, 메시아의 가문은 갈수록 부유해졌다. 그들에게 신은 통치의 상징이었고, 신도는 그 통치를 위한 인출기였다.

'구원'은 없었고, 착취만 있었다

그들은 왜 정명석이라는 신에게 빠졌을까. 왜 삶의 모든 것을 걸고, 스스로를 소모하는 믿음을 택했을까.

그들이 빠진 것은 가난한 이들을 위로하는 신의 얼굴을 한 권력, 희생을 약속하는 메시아의 탈을 쓴 통제였다. 그 믿음은 언제나 충성과 등급으로 환산되었고, 구원은 상품처럼 포장되어 유통되었다.

누군가는 자신이 부족해서 더 주지 못했다며 눈물 흘렸고, 누군가는 믿음이 모자랐다며 자책했다. 그러나 잘못된 것은 그들의 믿음이 아니라, 믿음을 소비한 시스템이었다.

기독교에서 하나님은 억눌린 자를 위로하고, 죄에서 해방시키는 구원의 주체다. 하지만 JMS에서 '신'인 정명석은 인간의 고통을 이용하는 지배의 이름이었고, '믿음'은 착취를 정당화하는 도구로 전락했다.

그들은 신에게 빠진 것이 아니었다. 누군가가 설계한 신의 얼굴에, 끝없는 구조적 폭력에 빠졌던 것이다.

그들이 무너진 이유는 '믿음'이 아니었다. 그 믿음을 악용한 자들, 그리고 믿음을 자산으로 삼아 거래한 종교의 얼굴을 한 자본의 시스템이 문제였다.

이제, 우리는 다시 처음의 질문으로 돌아갈 수밖에 없다.

"그들은 왜 신에 빠졌는가"

"그 신은 그들의 위로였는가, 아니면 그들의 삶을 파먹은 포식자의 얼굴이었는가?"

"다음은 어디인가. 또 다른 '신의 얼굴을 한 포식자'는 지금도 태어나고 있는가?"

2장

정명석을 지키는 사악한 날개들

❖

정명석은 혼자 신이 되지 않았다.

그를 메시아로 세운 건 단지 신도들의

맹목적인 믿음이 아니었다. 정명석의 신화를 유지한

것은 치밀한 '시스템'이었다. 그의 곁에는 법조인이

있었고, 기업인이 있었으며, 여론을 설계하는

기술자들이 있었다.

성폭력 피해자의 음성은 법의 허점을 타고 교단에 흘러들었고,
증거는 왜곡됐다. 경찰 내부의 공모자는 수사를 방해했고,
교단은 여론을 조작했다. 피해자를 정신질환자로 몰아간
이들은, 법의 이름으로 2차 가해를 자행했다.

JMS는 단지 종교집단이 아니었다. 법과 기술, 권력과 자본이
결탁해 만든 범죄 유지 시스템이었다. 이 장에서는 그 '공범들'
의 실체를 하나하나 드러낸다. 신을 만든 건 믿음이 아니라, 그
믿음을 조직화한 권력이었음을 우리는 마침내 목도하게 된다.

정명석, 수감 중 안건 결재 정황 드러나…
모 방송사 관계자 연루

2023.03.28

JMS 정명석 총재가 교도소 수감 생활 중, 교도소 벽에 메시지를 적고, 건너편 아파트에서 수뇌부가 이를 보고 교단의 주요 안건에 대한 결재를 진행했다는 주장이 제기됐다. 특히 의사소통 과정에 A 방송국 관계자가 일조한 정황도 포착됐다.

28일 <투데이코리아>와 <SBS> 공동 취재를 종합하면, 제보자 B씨는 교도소 맞은편 고층 아파트 원앙마을에 방문하며 정 총재가 운동을 나와 벽에 적는 손 글씨를 망원경으로 확인하고 이를 받아 적는 역할을 했다고 주장했다.

B씨에 따르면, 이러한 방식으로 정 총재와의 단순한 의사소통 외에 주요 긴급 안건에 대한 재가도 진행한 것으로 확인됐다.

정 총재가 운동장으로 나오는 시간을 어떻게 알았냐는 질문에 B씨는 "정명석이 편지로 미리 운동 시간을 알려줬다"며 "갑작스

레 일정이 바뀐 경우에는 받아 적는 대필 업무를 하는 담당자가 무한 대기를 했다"고 말했다.

B씨는 "가끔 급한 안건에 대해서는 정명석이 담벼락 글씨를 통해 결재하는 경우도 있었다"며 "특히 걸레를 통해 쌍방향 의사소통도 했다"고 설명했다.

B씨의 증언에 따르면, 하얀색 대걸레는 '알겠다' 혹은 '맞다'라는 의미였으며, 색이 있는 대걸레의 경우 '아니다'라는 의미를 가진 것이라고 한다. 특히 이 과정에 모 방송국 관계자 A씨가 관여한 것으로 드러났다.

<투데이코리아>가 입수한 녹취에 의하면 B씨는 정 총재의 글씨를 보고 "삼룡 알았다"라고 되뇌며 종이에 이를 대필했다. 이후 이어진 녹음에는 A씨가 "선생님 나왔어? 선생님 나왔어?"라며 반복적으로 질문하는 음성이 담겼다.

이후 B씨는 "리네?"라며 "네, 나오셨어요"라고 대답한다. 그러면서 B씨는 "리네? 리데? 뭔 말이지? 전하라구요…? 전해"라며 해석에 어려움을 표한다.

이후 A씨는 "지금 쓰고 계셔?"라며 "나 결재받아야 하는 거 있는데 그거 아니겠지?"라고 되물었다.

해당 녹취에서 나오는 A씨는 교단 내에서 정초연이라는 가명으로 활동했다. A씨는 모 방송국 관계자인 동시에 JMS 안에서 국제선교 국장 역할을 한 것으로 확인됐다. 외국어에 능통한 A씨는 JMS에서 해외 선교업무 및 외국인 관리를 해왔다는 증언도 나왔다.

한편, 제보자 B씨는 지난 2018년 정명석에게 강제추행을 당해 탈퇴한 것으로 알려진다.

수감 중 여신도 나체사진 받아본 정명석…
법무부 "정식 출판된 책이라 검열 안해"

2023.06.15

기독교복음선교회(이하 JMS) 교주 정명석이 교도소 수감 당시 '출판된 책' 형태로 여성 신도의 알몸 사진과 편지, 교단 내 주요 문건 등을 받아본 것으로 알려졌다. 특히, JMS 측은 해당 도서의 교도소 반입을 위해 정식 출판 절차까지 거친 것으로 추정된다.

<투데이코리아>의 취재를 종합하면 정명석은 2009년부터 2018년까지 교도소에 수감됐을 당시, JMS 측으로부터 300여 쪽에 달하는 여신도의 알몸 사진, 신도들의 편지, 교단 운영 관련 내용 등이 담긴 책을 영치품 형태로 전달받은 것으로 전해진다.

이와 관련해 한 제보자는 "비키니 프로필이 들어갈 때는 '선생님 저 화보 찍었어요'라는 식의 문구를 기재해 들어갔으며, 성기 사진의 경우에는 꽃의 수술 중에서 여성의 성기와 유사한 모양의 꽃을 골라 성기 사진을 합성해 삽화로 넣었다"고 주장했다.

또 다른 제보자는 이와 관련해 "사람들이 오해하는 것이 노출 사진이 들어갔다고 하면 낱장으로 들어가는 줄 아는데 이는 잘못된 사실"이라며 "정명석에게 사진이나 편지가 들어갈 때는 책으로 들어간다"고 설명했다.

법무부에 도서 반입 기준에 대해 질의하자 법무부 관계자는 "도서가 반입될 수 있는 경로는 구매, 택배, 직접 전달 등 세 가지 방법으로 가능하다"며 "다만 세 경우 모두 정식 바코드(ISBN)가 있어야 반입할 수 있다"고 설명했다.

ISBN은 도서 표준번호라고도 불리며 국립중앙도서관 서지과에서 관리하고 있다. 이에 해당 과에 ISBN 발급 과정에 대해 질문하자 "ISBN은 출판사나 비영리 단체 등 각 지자체에서 출판사 신고 확인증과 발행자 번호 발급 이후 ISBN 신청서만 작성하면 발급받을 수 있다"고 답했다.

이에 '그럼 도서 내에 부적절한 내용이 포함돼도 확인할 수 없는 상황인가'라는 취재진의 질문에 "그렇다. ISBN은 책이 출판되기 전에 발급돼야 출판 시 바코드를 찍어 출판할 수 있기에 정식 출판된 도서에도 부적절한 내용이 담길 수 있다"고 설명했다.

즉, 정명석에게 전달된 여신도 노출 사진이나 편지가 해당 출판사를 통해 ISBN을 부여받고 반입됐을 것으로 보인다. JMS는

'도서출판조은소리'를 비롯해 '명문', '명' 등 다양한 출판사를 운영한 바 있다.

특히 법조계 관계자에 따르면 "낱장으로 된 서류나 편지 등은 반입 시 세심하게 검토하는 편이지만 정식 출판된 책의 경우에는 바코드도 있고 하다 보니 비교적 대충 보는 경향이 있는 것 같다"고 말했다.

이 외에도 정명석이 "일부 교도관이 JMS와 특수한 관계를 유지하며 알몸 사진이나 은밀한 자료 등을 받는 등 특혜를 받아온 것이 아니냐"는 의혹이 나왔다.

실제로 JMS를 탈퇴한 제보자에 따르면 "JMS 교단 소속의 '인천사[16]'라는 인물이 교도소에서 근무하는 자신의 지인을 통해 정명석에게 중요한 자료나 나체 사진을 전달한 것으로 안다"며 해당 인물에 대해 정명석은 "하나님이 예비한 사람"이라고 지칭한 것으로 전해진다.

제보자는 "교도관 출신의 가정국 소속 남자 '인천사'는 자신의 지인들을 통해 정명석에게 주요 문건이나 사진을 전달했으며, 해

---

16 인천사 : 정명석이 수감 중 자신에게 우호적이었던 교도관을 가리켜 신도들에게 "하나님이 나에게 보내준 인간 천사"라며 '인천사(人天使)'라고 부른 인물. JMS 내부에서는 이 표현이 신도들 사이에서 마치 신적 조력자가 존재한다는 신앙적 확신을 심어주는 데 활용되었다.

당 사실을 가족이나 목사에게도 숨기고 은밀히 활동했다"고 설명했다.

그러면서 "이렇듯 정명석과 '인천사'가 가까이 지내자 정명석의 핵심 비서로 꼽히는 정유빛 씨가 견제하는 모습을 보이기도 했다"고 말했다.

이에 법무부는 "일부 그런 교도관이 존재할 수는 있다고 생각한다. 다만 그들이 10년 동안 편의를 봐줬기 때문에 정 씨가 지속해서 여성 신도 노출 사진을 받았다는 것은 현실적으로 불가능하다"고 답했다.

교도관은 공무원으로 순환 보직을 돌기 때문에 10년 동안 특정 교도관이 정 씨의 편의를 봐주는 것이 쉽지 않다는 것이다. 특히 대전교도소에는 700여 명이 넘는 교도관이 있고, 이중 방을 검사하는 '검방'을 들어가는 교도관은 자주 바뀐다. 또한 사진이나 편지, 책 등이 교도소로 반입될 시 영치품을 확인하는 교도관도 따로 배치된 상황이다.

영치품 관리자와 검방 교도관으로 구성된 2차 검열이 존재하는 것이고, 검방 시에는 수백 명의 교도관이 무작위로 들어가는 상황이기에 일부 교도관이 정 씨에게 특혜를 부여한다고 해도 다른 교도관이 적발할 수밖에 없는 구조라는 것이다.

이와 관련해 법무부 관계자는 "정 씨의 수감 생활이 10년인데, 그 사이 교도관의 포지션 변화도 지속해서 이뤄졌을 테고, 이를 감안하면 일부가 고의로 편의를 봐줘서 생긴 일이라고 판단하기에는 어려운 상황"이라며 "최근 구속 수사를 받는 과정에서는 여러 차례 검방을 실시했으나 알몸 사진은 물론이고 비키니 사진 등도 나오지 않았다. 정 씨의 방을 검사할 때는 더 면밀히 살피고 있다"고 답했다.

이 외에도 정명석의 수감 생활 특혜 논란은 끊이지 않고 있다.

지난 3월 22일 <노컷뉴스> 보도에 따르면 정명석은 출소 이후 재구속된 시기인 지난해 10월부터 올해 3월까지 유력 정치인이나 기업인보다 잦은 면회를 가진 것으로 드러나, '황제 접견' 논란에 휩싸였다.

해당 기간 정명석은 총 265번의 접견을 가졌다. 이 중 3건은 일반 접견이었으며, 나머지 262회는 변호인 접견이었다. 하루 평균 1.7번에 달하는 접견을 가진 것이다.

이는 최순실, 이명박 전 대통령보다도 훨씬 잦은 횟수이다. 최순실은 0.82회, 이명박 전 대통령은 0.6회였다.

정 교주의 특혜 논란은 여기서 그치지 않았다.

우선 운동 시간을 이용해 운동장에서 맞은편 아파트에서 대기 중인 여성 신도들과 신호를 주고받으며 의사소통은 물론이고 교단의 주요 안건 재가를 진행하기도 했다. 즉, 접견 시간도 아닌데 외부인과 소통을 자행한 것이다.

제보자에 따르면 "급한 안건에 대해서는 정명석이 담벼락 글씨를 통해 결제하는 경우도 있었다"며 "특히 청소 도구를 통해 쌍방향 의사소통도 했다"고 설명했다.

하얀색 대걸레는 '알겠다' 혹은 '맞다'라는 의미였으며, 색이 있는 대걸레의 경우 '아니다'라는 의미를 가진 것이라고 한다. 이렇듯 교도소 수감 당시 정 씨는 접견 시간 외에도 양방향 소통해 온 것이다.

JMS 피해자 '정신 질환자 몰아가자' 계획 세운 경찰 간부 직위해제

2024.10.25

여신도를 성폭행 및 강제 추행한 혐의로 재판 받고 있는 정명석 기독교복음선교회(이하 JMS) 총재의 범죄 행위 증거인멸에 관여해 직위가 해제된 경찰 관계자가 정명석을 고소·고발한 이들의 고소·고발장을 입수해 대응책을 마련했다는 의혹이 제기됐다.

25일 <투데이코리아> 취재를 종합하면, 직위해제 조치를 받은 강 경감[17]은 정명석을 상대로 고소·고발한 이들의 고소·고발장을 입수해 이에 대한 대응책을 마련했을 뿐만 아니라 날짜별 대응 계획서를 만드는 등 정명석의 범죄 증거를 인멸하는 것에 적극적으로 가담한 것으로 전해졌다.

---

17 강모 경감 / 주수호 : 정명석(기독교복음선교회, JMS 총재)에게 조력한 경찰관으로, 본명은 알려지지 않았으며 '주수호'는 정명석이 "주를 수호한다"는 뜻으로 붙여준 이름이다. 현직 경감으로 서초경찰서에서 팀장급으로 근무했으며, JMS 내부 '사사부' 소속으로 정명석의 법적 리스크를 관리하고 증거 인멸 대응 등을 논의한 혐의를 받았다. JMS 합동결혼식에 참여해 온 가족이 JMS 신도로 알려졌으며, 조직 내에서는 정명석의 친위대 역할을 했다는 평가가 있다. 이 사건으로 서울경찰청이 수사에 착수했다.

특히 해당 사건의 핵심 관계자에 따르면, 강 경감은 지난 1월 증거인멸교사 혐의 등으로 징역 1년 6개월을 선고받은 JMS 대외협력국 국장에게 휴대전화 교체 등의 조언을 해준 것으로 알려진다.

또 해당 관계자는 "강 경감이 정명석에게 성피해를 입은 여신도를 정신적으로 문제가 있는 사람으로 몰아가자고 계획을 세웠다"라면서 "이 같은 계획을 실행으로 옮기는 과정에서 JMS 신도 중 '박사'라는 호칭으로 불리는 2명이 피해자가 정신적으로 문제가 있다는 내용이 담긴 20페이지가 넘는 서류를 작성하기도 했다"라고 말했다.

한편, 강 경감의 직위해제가 결정된 날 조지호 경찰청장은 국회에서 열린 행정안전위원회 국정감사에서 "경찰관 JMS 신도 조직에 대해 어느 정도 실체가 있는 걸로 알고 있다"라는 취지로 밝혔다. 이에 서울경찰청 반부패수사대는 강 경감의 검찰 송치 여부를 결정할 계획으로 알려졌다.

JMS, 정명석
성범죄 녹취파일 유포 의혹에
'2차 가해' 목소리 일어

2024.5.15.

여신도를 성폭행 및 강제 추행한 혐의로 1심에서 징역 23년을 선고받은 기독교복음선교회(이하 JMS) 총재 정명석 변호인 측이 항소심 중 재판부로부터 피해자측 증거 녹취록을 등사 받은 가운데, JMS 측이 해당 녹취를 일부 신도에게 공개했다는 의혹이 제기돼 논란이 일고 있다.

14일 <투데이코리아> 취재를 종합하면, JMS 관계자가 일부 신도들에게 해당 녹취파일을 들려준 것으로 확인됐다. 해당 녹취에는 성 피해 내용 등이 담겨있다.

앞서 피해자 측의 법률대리인 전준범 변호사는 지난달 19일 정명석 사건을 심리하는 대전고법 형사3부(김병식 부장판사)에 2차 가해가 우려된다며 성범죄 피해 사실이 녹음된 녹취파일에 대한 피고 측 복사 신청을 불허해달라는 의견서를 냈다.

당시 전 변호사는 "JMS는 이 사건 고소 이후 피해자들이 우울증을 겪고 있다는 등 개인정보를 포함한 보도자료를 내면서 '정신병자'라거나 '도덕적으로 타락한 여성'으로 묘사하는 방법으로 피해 진술이 허위라고 주장해왔다"고 말했다.

그러면서 "집회에서 메이플의 일기장과 사진, SNS 아이디 등을 무대 영상에 공개하고, 한국인 신도의 프로필 사진을 노출하는 등 조직적으로 2차 가해 행위를 해왔다"며 우려를 표했다.

이어 "녹음파일 복사본을 신도들에게 배포해 집회 등을 통해 대중에게 공개할 것이고, 피해자다운 태도가 아니라고 주장하며 비난하고 공격하는 용도로 쓰이게 될 것"이라면서 "녹음파일 열람만으로도 증거 능력의 유무를 판단하는 데는 아무런 지장이 없다"면서 불허를 요청했다.

검찰도 "피해자들은 정명석을 고소했다는 사실 그 자체만으로도 생명과 신체에 위협을 받고 있다"면서 "등사를 허용할 경우 어디까지 영향력을 미칠지 알 수 없고, 나중에 재판부나 수사기관에 책임이 돌아올 수 있는 만큼 신중했으면 좋겠다"고 주장했다.

다만, 2심 재판부는 "증거는 상대방의 방어권 행사를 위해 특별한 사정이 없으면 열람·등사를 허용하게 돼 있다"면서 정명석 측 변호사에게 등사를 허가했다.

이와 관련해 대전고법 관계자는 "피고인이 사회적으로 지탄을 받고 있는 사람이라 할지라도, 1심에서 중형이 선고된 피고인이 다투고자 하는 증거 신청을 전부 배척하기는 쉽지 않은 상황"이라면서 "성폭력처벌법상 직무상 얻은 비밀을 누설할 경우 추가 처벌하는 조항 등을 토대로 파일이 유출되지 않도록 하겠다"고 밝혔다.

하지만 2차 가해 우려는 현실이 되어버렸다는 지적이 나온다.

복수의 제보자들은 JMS 측 재판에 관여하는 A씨 등이 JMS 내부 일부 비전문가 신도들에게 피해자의 음성 녹취를 들려줬다고 주장했다.

해당 음성을 들었다고 밝힌 복수 관계자들은 본지와의 통화에서 "A씨가 해당 녹취에서 편집되거나 문제가 될만한 부분이 있는지 살펴달라는 취지로 말하면서 녹취를 들려줬다"고 입모아 주장했다. 이들은 녹취를 판별할 권한이 없는 비전문가라고도 언급했다.

이를 두고 김정환 JY법률사무소 부대표 변호사는 본지와의 통화에서 "증거 녹취의 경우 방어권 행사에 한정해서만 사용해야 한다"며 "비밀 누설을 위반하면 성폭력처벌법 등에 의해 제50조에 따라서 강력히 처벌받아야 한다"고 말했다.

그러면서 "재판부도 강력히 당부했음에도 불구하고 그 의무를 지키지 않은 것은 위법성이 커 보인다"고 강조했다.

이어 "전파 가능성 이론에 따라 개인 대 개인의 주고받음도 공연성이 인정될 수 있다"며 "개인 간의 소통을 통해 2차 가해 가능성이 있는지 면밀하게 살펴볼 필요가 있다"고 덧붙였다.

"변호사 사무실에서 들었다"···
JMS 정명석 성범죄 녹취 파일
유포 경로 포착

2024.10.24

여신도를 성폭행 및 강제 추행한 혐의로 재판 받고 있는 기독교복음선교회(이하 JMS) 총재 정명석 변호인 측이 법원으로부터 등사 받은 피해자의 녹취록을 변호사 사무실에서 일부 신도들에게 공개했다는 의혹이 제기돼 논란이 일고 있다.

24일 <투데이코리아> 취재를 종합하면, 복수의 제보자들은 정명석 변호인 측이 법원으로부터 등사를 받은 녹취를 일반인에게 들려줬다고 주장했다.

제보자들에 따르면, 올해 5월 9일부터 10일까지 법무법인 A 사무실에서 녹취를 청취하거나 함께한 신도는 총 5명이다. 이들은 모두 '법조인'이나 '음성분석기관의 전문가'가 아닌 일반인인 것으로 알려졌다.

또한 녹취 파일이 담긴 USB도 변호사 등이 아닌 신도 H모 씨가 관리한 것으로 전해졌다.

제보자들은 녹취록이 담긴 USB 파일을 가지고 있던 H모 씨는 또 다른 신도 P모 씨에게 USB 파일을 건네고 사무실 안에서 녹취 파일을 청취하도록 했다고 설명했다.

그러면서 "해당 사무실에는 경기도 북부지역 JMS 교회 장로 J모 씨와 재판에 오랜 시간 간접적으로 관여해온 M모 씨도 함께했다"며 "5월 10일에는 또 다른 신도 B모 씨와 L모 씨도 해당 사무실을 찾아 녹취를 청취했다"고 언급했다.

이러한 녹취 파일 청취는 5월 9일 오후 경부터 10일 오후 11시가량까지 이어졌고, 이 시간 대부분 동안 현장에는 법조인 없이 신도들끼리만 있었던 것으로 알려졌다.

특히 제보자들은 "이 외에도 녹취를 들은 신도는 최소 2명 더 있는 것으로 파악된다"고 주장했다.

한편, 본지는 지난 5월 '[단독] JMS, 정명석 성범죄 녹취 파일 유포 의혹에 '2차 가해' 목소리 일어'라는 제하의 제목을 보도한 바 있다.

이후 JMS 측은 5월 23일 '2024 성령사연 50'이라는 공지를 통해 "재판에 대해 교인들 돕는다 하나 이제부터 변호사 외에 하면 적으로 본다"면서 "00국, 00혁, 00표 일단 일절 손 떼라. 하면 상대편으로 본다. 그리 모두 알아라. 그리고 변호사들 모두 일체 되어해야 한다"라고 알리기도 했다.

대전지검,
JMS 정명석 성범죄 '녹취 유포'
관련 압수수색 나서

2024.10.24

대전지방검찰청이 기독교복음선교회(이하 JMS) 총재 정명석 사건 성범죄 녹취 파일 유포와 관련해 본격적인 수사에 돌입했다.

24일 <투데이코리아> 취재를 종합하면, 대전지검은 23일과 24일 양일에 걸쳐 압수수색을 진행하고 유포와 관련된 이들의 핸드폰 등 증거물을 확보했다.

이들은 성범죄 녹취 음성파일과 녹취록 등을 유출·유포에 관여한 것으로 알려진다.

이와 관련해 대전지검 관계자는 "압수수색을 진행한 것은 맞으나 수사 사안이기 때문에 구체적인 내용을 밝힐 수 없다"라고 말을 아꼈다.

JMS, 매크로 이용한 여론조작 '의혹' 논란…
"정명석 검색시 노출 최소화"

2024.03.08

기독교복음선교회(이하 JMS)가 매크로시스템을 이용해 여론조작을 했다는 의혹이 제기돼 논란이 일고 있다.

7일 <투데이코리아> 취재를 종합하면, JMS 내부에는 '개우지'[18]라고 불리는 조직이 있으며, 해당 조직은 온라인상에서 JMS와 관련해 부정적인 기사나 블로그 글 등 콘텐츠가 업로드되면 여러 방법을 이용해 해당 콘텐츠를 지우거나 노출을 최소화하는 역할을 하는 것으로 파악됐다.

복수의 JMS 전·현 관계자들에 따르면, 개우지의 수장은 정명석의 친동생 정범석으로 알려진다. 이들은 JMS 탈퇴자 커뮤니티

---

18 개우지 : JMS(기독교복음선교회) 내부에 운영된 디지털 여론 대응 조직으로, JMS 비판 콘텐츠의 노출을 차단하고 여론을 조작하는 역할을 수행했다. 이들은 포털사이트 검색어 왜곡, 댓글 도배, 게시물 신고, 매크로 프로그램을 통한 클릭 조작 등 체계적인 '디지털 검열·선전' 활동을 벌였다.

'가나안 카페' 등에 교주 정명석의 동생 정범석 등이 언급된 글이 올라오면 해당 글을 신고 조치하고, 이를 통해 게시물 임시 중단 조치가 되도록 작업한다.

이 과정에서 이들은 개우지가 여론조작을 위해 매크로도 이용하고 있다고 주장하고 있다.

개우지 출신의 한 제보자는 매크로를 사용해 여론 조작하는 작업을 'KTX 작전'[19]이라고 불렀다고 주장했다.

해당 제보자는 "해당 매크로는 각종 포털사이트의 실시간 검색 순위 등에 JMS와 관련된 부정적인 기사가 노출되면 이를 가리기 위해 다른 기사들의 조회수를 높여 부정적인 기사의 화제성을 낮추거나 순위권 밖으로 밀어내는 방식으로 사용된다"며 "또 'JMS'나 '정명석', '정범석'등 특정 키워드로 검색 시 노출되는 콘텐츠 역시 이와 유사한 방법으로 노출을 최소화 했다"고 강하게 주장했다.

---

19 KTX 작전 : JMS(기독교복음선교회) 내부 디지털 여론 조작 활동 중 핵심 전략으로, 비판적 보도나 피해자 증언이 포털사이트에 급상승하거나 검색 상위에 오를 때 즉시 실행되던 조직적 방어 작전이다. 'KTX 작전'이라는 명칭은 고속열차처럼 신속하고 대규모로 대응한다는 뜻에서 붙여졌다. JMS 신도 수십~수백 명이 일시에 동원되어 특정 검색어를 반복 클릭하거나 무관한 연예·스포츠 기사를 클릭해 실시간 검색 순위를 교란했다. 동시에 게시물 신고, 댓글 도배, 키워드 조작 등을 통해 부정적 콘텐츠를 하단으로 밀어내고 교단 홍보 자료를 상위에 노출시키는 방식으로 운영됐다.

그러면서 "지역별로 부장이 있는데, 이들은 중앙에서 지시가 내려지면 자신이 관리하는 회원들에게 해당 지시를 전달하는 역할을 했다"며 "부장이 '지금 KTX를 타라'고 지시하면 매크로 프로그램을 실행하고, 4자리 수의 코드를 입력하면 프로그램이 알아서 작동하기 시작했다"며 자신의 주장을 이어갔다.

실제로 본지가 입수한 매크로 프로그램 'ktx_member_'를 전문가에게 분석 의뢰를 맡긴 결과, 해당 프로그램에는 자동 로그인 기능과 마우스 포인터 조작 기능 등이 포함된 것으로 나타났다. 또 프로그램 파일명 뒤에는 프로그램 버전과 어느 운영체제에 호환되는지 기재한 것으로 파악됐다.

해당 프로그램을 분석한 전문가는 "2016년에 만들어진 프로그램이고, 해당 프로그램에는 자동으로 로그인하고 마우스 포인터를 조작해 기사를 클릭하는 기능이 들어있는 것으로 보인다"며 "다만 포털이 매크로성 프로그램을 막기 위해 계속 업데이트해서 이 같은 프로그램은 몇 달 간격으로 수정해야 했을 것"이라고 설명했다.

MBC '나는 신이다' 정명석 피해자 인터뷰 자료, JMS 사전 유출 의혹

2023.03.30

 기독교복음선교회(이하 JMS) 정명석 교주의 성범죄 혐의를 다룬 넷플릭스 다큐멘터리 '나는 신이다' 제작 과정에서 피해자의 인터뷰 자료가 방영 전에 JMS 수뇌부로 사전 유출된 것으로 드러났다.

 제보자에 따르면, 해당 다큐멘터리를 만든 MBC 제작진과 피해자가 2022년 3월 4일 인터뷰한 내용이 담긴 프리뷰 문서가 양승남 변호사, 김진수[20] 변호사, 그리고 JMS 대외협력국장을 맡은 최철환[21] 목사에게 먼저 공유됐다. 이후 3월 5일 '넷플릭스 대책 회

---

20 김진수 : 정명석의 변호를 전담한 법률팀 핵심 인물로, 양승남 변호사와 함께 JMS 재판 실무를 담당했다. 교단의 각종 소송과 증거 분석, 방어 전략을 기획·집행하며 정명석의 '법적 방패막이' 역할을 해온 것으로 알려져 있다.

21 최철환 : 대외협력국장이자 목회자로, 교단의 대언론 대응과 신도 통제, 탈퇴자·언론인·이단사역자 모니터링 등을 총괄해온 인물이다. '섭리국방부'라고도 불린 대외협력국을 지휘하며 JMS의 방어 논리를 대내외에 전파하는 핵심 역할을 맡았다. 특히 피해자들을 협박하거나 위협하는 역할을 전담했으며, 넷플릭스 다큐멘터리 〈나는 신이다〉 방영 전후 양승남, 김진수 등과 함께 피해자 증언 반박과 선제 대응 시나리오를 논의한 것으로 알려졌다. 내부 증언에 따르면, 조직적 고소·고

의(가칭)'에서 10여 명의 JMS 핵심 간부에게 공유됐다. 따라서 해당 문서는 3월 5일 이전에 유출됐다고 볼 수 있으며, 2023년 3월 3일 넷플릭스를 통해 첫 방영된 시기보다 1년 가량 일찍 입수한 셈이다.

우선, 김 변호사는 지난 2008년부터 현재 진행 중인 정명석 성폭행 혐의 재판의 실질적 법정 대리인으로 활동 중이며, 양 변호사의 경우 등기상 JMS의 대표로 등재돼 있다.

<투데이코리아> 취재진이 제보자로부터 입수한 MBC 제작진 내부 문서 파일은 총 5개다. 각각 5장부터 많게는 10장에 달하는 분량이며, 해당 다큐멘터리 제작진 측에 따르면 모두 원본 파일인 것으로 확인됐다.

문서에는 다큐멘터리에 담기지 않은 편집 내용까지 모두 포함돼 있으며, 피해자와 제작진의 대화 내용이 전부 담겨 있다. 이를 통해 JMS 측은 다큐멘터리에 대한 후속 대책을 구상한 것으로 보인다.

넷플릭스 대책 회의에 참여했다고 주장한 제보자 A씨는 "JMS 내부에서는 해당 자료를 통해 다큐멘터리가 방영되면 어떻게 대

발과 심리적 압박을 기획·지시하며 JMS의 여론 방어와 피해자 음해 전략에 깊이 관여했다는 의혹이 제기됐다.

응할지 미리 대책을 세웠다"며 "당시 이를 주도하던 이들이 양승남 변호사, 김진수 변호사, 그리고 최철환 목사"라고 설명했다.

이와 관련해 MBC 조성현 PD는 "지금도 JMS 측은 미행 사실을 부정하고 있지만, 자기가 미행을 했던 사람이라는 증언을 해온 분도 계시고, 이번 내부 파일 유출 역시 JMS 측은 부정할지 모르겠지만 물증이 나온 상황"이라며 "특히 이번 프리뷰 파일 유출은 종교 단체가 명백한 불법 행위를 저질렀다는 점에서 충격적인 일이기도 하고, 동시에 MBC 내부에 정보 유출자가 있음을 보여주는 사례이기에 불편한 마음이 크다"고 전했다.

그러면서 "함께 일한 동료 선후배가 내부의 예민한 정보를 상대방 종교 측에 공유하고, 그 정보가 악용됐다는 점은 매우 슬픈 일이지만, 그에 앞서 이런 일을 저지른 사람이 어서 탈출할 수 있기를 바라는 마음이 더 크다"고 말했다.

실제로 JMS에서 대외협력국장을 맡은 육군사관학교 출신 최 목사의 주요 업무 중 하나는 탈퇴자 및 제보자들의 미행과 협박 등이다. 최 목사는 JMS 내에서 '섭리 국방부 장관' 등으로 불린 것으로 알려진다.

탈퇴자 B씨에 따르면 "최 목사가 전화로 나를 찢어 죽이겠다고 고래고래 소리를 질렀다"며 "탈퇴자 중 상당수가 이와 같은 협박과 위협을 받아왔다"고 설명했다.

탈퇴자 C씨 역시 "최 목사가 탈퇴자들에게 악평하는 것은 매우 유명하다"며 "욕설과 협박을 넘어서 미행도 자행해 왔다"고 증언했다.

특히 양 변호사와 김 변호사는 본인들의 직업 본분을 망각하고 이 같은 최 목사의 행동을 방관해왔다.

이번 사건은 MBC를 비롯한 조 PD가 JMS 일부 신도로 인해 피해 입은 사건으로, 민·형사상 조치가 이뤄질 전망이다. 이렇듯 JMS를 비롯한 사이비 종교인들은 사회 전반적으로 뿌리 깊게 자리 잡고 있다.

이와 관련해 바른미디어 조믿음 대표는 "사이비 종교에서 나타나는 전형적인 모습"이라며 "이들은 정당하지 못한 방법으로 자료를 취득하고 필요하다면 서슴없이 피해자들을 협박한다"고 30일 설명했다.

그러면서 "떳떳하다면 하지 않아도 될 행동"이라며 "지금까지 JMS라는 단체가 어떤 방식으로 유지되었는가를 적나라하게 보여준 사례"라고 꼬집었다.

JMS 대표이자 변호사 양승남
"악의적 언론, 판사도 마찬가지"…
사법부 비판

2023.05.25

기독교복음선교회(이하 JMS)의 등기상 대표자인 양승남 변호사가 "정명석 총재에 대한 성 추문은 왜곡된 거짓이며, 검사와 판사도 사람이기에 실수할 수 있다"라며 사법부를 향해 날을 세웠다.

지난 21일 JMS의 유튜브 공식 채널 중 하나인 '기독교복음선교회 PalmTV [Official]'에 등장하는 양 변호사는 "언론에는 오보도 있고, 때로는 악의적인 왜곡도 있다. 어떤 사실을 사실과 다르게 말하기도 하고, 특정 부분을 숨기기도 하고, 사실의 어느 한 면만을 부각시키기도 한다. 전반적인 모습이 왜곡되게 나타나기도 한다. 어떤 경우는 실수나 부주의로 그럴 수 있지만 어떤 경우는 의도되기도 한다"라고 말하며 "재판은 어떻겠냐? 판사들은 다르겠냐?"라며 이같이 주장했다.

그러면서 "판사가 되기 위한 자격을 갖춰야 하지만 그들도 인간이다. 그렇기 때문에 기본적으로 오류가 있을 수 있다. 이미 시스템 자체에 오류의 가능성을 인정해 놓고 있다. 대한민국에서는 기본적으로 3심까지 인정하고 있다"라며 "2심이 1심을 파기하면 1심 재판은 오류가 있다는 것을 인정하는 것이며, 이는 법원 스스로가 잘못을 인정하는 것"이라고 덧붙였다.

이는 판사도 사람이기에 오류를 범할 수 있으며, 대한민국이 3심 재판을 인정하는 것은 시스템적으로 오류를 범할 수 있다는 취지로 해석된다.

또한, 양 변호사는 "재판은 잘못될 가능성이 항상 있다. '사법제도의 필요성 및 그 판단을 받아들이는 문제' 이것과 '판사의 판단은 항상 진실이다' 이것은 별개의 문제라는 것이다"라며 "판사들의 판단은 틀릴 수도 있다"고 강조했다.

이어 해당 영상에 JMS 전 법률팀 구성원으로 등장하는 김석인 씨는 지난 2008년 정명석에게 내려진 10년 형에 대해 "해당 재판은 '증거재판주의'와 '무죄추정의 원칙'이 지켜지지 않았다"며 "합리적 의심을 할 수 없는 명백한 (직접)증거가 제시되지 않았음에도 오직 심증만으로 판결을 내렸다고 볼 수 있다"라며 재판부의 판결에 반발했다.

그러면서 "이것은 10년간 지속된 방송 보도의 내용이 사실로 받아들여지며 판결에 영향을 미쳤다고 해석할 수 있다"라고 주장했다.

JMS 측의 입장을 종합하면, 정명석과 관련된 재판은 증거재판주의와 무죄추정의 원칙이 지켜지지 않은 재판이며, 판사가 심증만으로 판결을 내린 사건이라는 설명이다.

이와 관련해 한 법조계 관계자는 "법관이 방송 보도에 휘둘려 오판을 내렸을 수 있다는 주장은 과한 측면이 있어 신중한 발언이 이뤄졌어야 하는 아쉬움이 있다"고 말했다.

한편, 정명석은 다수의 중국 여성 성폭행 혐의를 받아 지난 2007년 5월 1일 중국 공안에 체포됐다. 이후 '범죄인 인도조약'에 따라 사법부의 인도로 2008년 2월 20일경 귀국해 강간치상, 강간, 강제추행 등의 혐의로 3번의 재판을 치른 결과 징역 10년형을 선고받았다.

"JMS 대표가 변호사?"…
정명석을 지키는 날개들

2023.03.30

<투데이코리아> 취재를 종합하면, 기독교복음선교회(이하 JMS)의 등기상 대표가 교주 정명석이 아닌 양승남 변호사인 것으로 확인됐다. JMS에는 현재 법적 조언을 비롯한 각종 도움을 주는 두 변호사가 있다. 그중 한 명이 양 변호사며, 나머지 한 명은 김진수 변호사다.

우선 김 변호사는 지난 2008년부터 현재 진행 중인 정명석 성폭행 혐의 재판의 실질적 법정 대리인으로 활동 중이며, 양 변호사는 등기상 JMS의 대표로 등재돼 있다.

이들은 지난 2022년 3월 2일부터 18일까지 다큐멘터리 '나는 신이다'에 대응하기 위한 회의를 꾸준히 진행한 것으로 알려진다. 회의는 총 10명이 넘는 대책 회의자들과 함께했다.

특히 <투데이코리아>가 입수한 녹취 파일에 따르면, 지난 2022년 3월 4일경 진행된 회의에서 A씨가 "10개의 증거 중 9개의 진실과 1개의 거짓을 섞어서라도 증거 능력을 없애는 데 집중하자"고 제안하자 김 변호사는 이에 호응하며 "이 방법으로 가자"고 열변을 토한 것으로 확인됐다.

이와 관련해 제보자 B씨는 "두 변호사가 사전에 증거를 조작해서라도 대응해야 한다고 말했다"며 "두 변호사 이름은 김진수와 양승남이다"라고 밝혔다.

또 다른 제보자 C씨는 "현재 JMS가 유지되는 데는 이와 같은 조력자들의 역할이 매우 크다"며 "이들도 조력자로서의 마땅한 책임을 받아야 할 것"이라고 강조했다.

실제로 지금까지 정명석 재판과 관련된 변호사 선임은 김 변호사가 도맡아왔으며, 양 변호사는 매주 정명석과의 접견을 통해 편지 및 지침 사항을 전달해오고 있는 것으로 알려진다.

JMS가 정명석 성 비리 사건 외에 끊임없는 논란에 휩싸였음에도 불구하고, 수십 년간 명맥을 유지하며 교세를 확장할 수 있었던 원인으로는 법조인과 기업인, 각 분야 전문가의 조력이 뒷받침됐기 때문이라는 목소리가 나왔다.

제보자 D씨 역시 "JMS에는 문성천이 운영하는 기업체 샹프리(유알지)를 비롯한 각종 돈줄이 있다"며 "이런 기업체들이 JMS와 분리되거나 사라져야 JMS가 붕괴될 것"이라고 주장했다.

이어 "JMS와 관련된 일부 기업들의 경우 노동력 착취 문제도 심각하다"고 덧붙였다.

김시온 기자의
'정명석을 지키는 사악한 날개들' 취재기

쇠창살이 가로막은 것은 정명석의 육체일 뿐, 그의 권력은 막지 못했다. 법원은 그를 유죄로 판결했고, 사회는 마침내 그 단죄에 도달했다고 믿었다. 구속, 수감, 그리고 1심의 중형 선고까지 이 모든 과정은 '사필귀정'이라 여겨졌고, 그렇게 사건은 마무리되는 듯 보였다.

그러나 그것은 착각이었다. 정명석은 감옥에 있었지만, 교단은 여전히 그의 명령으로 작동했고, 그가 사라진 자리에는 다른 권력이 빈틈없이 움직이고 있었다. 그는 교도소 안에서 담벼락에 사인을 남기는 방식으로 결재를 내렸고, 담벼락 너머의 눈들은 그의 지시에 복종했다.

담벼락에 적힌 손 글씨 하나로 교단의 운영은 돌아갔고, 바코드를 입은 책 속에는 여신도의 나체사진과 성기 합성 이미지가 숨겨진 채 감옥 안으로 들어왔다.

쇠창살은 그를 가두었을지 몰라도, 그의 욕망과 통치는 여전히 살아 있었다. JMS는 무너지지 않았다. 그 이유는 단순하지 않다. 그를 지키는 '사악한 날개들', 그들이 있었기 때문이다.

그들은 법정 밖에서 움직였고, 마이크 뒤에서 목소리를 조작했으며, 경찰 제복 아래에서 범죄의 흔적을 지웠다.

그들은 법조인이었고, 방송사 종사자였으며, 심지어 현직 경찰이었다. 종교의 이름으로 저지른 범죄에 권력의 갑옷을 입혀준 자들이었다.

이들은 신도들의 이탈을 막기 위해 온라인에서 여론을 지웠고, 피해자에게 쏟아질 돌을 신도들의 손에 미리 쥐어 주며 '정신병자'라 불렀다.

성범죄 피해자의 육성이 담긴 녹취는 교묘히 유포되었고, 그 녹취를 들은 이들은 피해자를 향한 공격 포인트를 짜기 시작했다.

심지어 법원이 허용한 증거 복사본조차 비전문가 신도의 귀에 들려지고, 변호사 사무실은 피해자에 대한 조롱과 왜곡의 장이 되었다.

JMS를 지탱한 것은 권력과 이익 일 뿐, 더 이상 신앙이 아니었다.

교도소에서 담벼락 재가,
대걸레를 이용한 쌍방향 의사소통

2023년, 한 통의 제보가 세상을 뒤흔들었다. 정명석이 대전교도소 수감 중에도 교단의 핵심 안건을 쌍방향으로 결재 해 왔다는 사실이었다.

그 방식은 원시적이면서도 기묘할 정도로 정교했다. 정명석의 메시지를 실시간으로 해독하던 이들은 교도소 맞은편 고층 아파트에서 대기하고 있었다. 일정표를 나눠 교대로 운동 시간을 지켜보았다.

운동장이 보이는 방향과 층수, 날씨 조건까지 고려된 이 관측 작전은 단순한 호기심이 아니었다. 그들의 사명은 '메시아의 말씀을 정확히 받아 적는 것'이었다.

정명석이 담벼락에 적은 글귀는 곧장 종이에 옮겨졌고, 암호 해석이 완료되면 특정 채널을 통해 교단 상부에 보고되었다. 때로는 정확도를 높이기 위해 신도들끼리 손글씨를 수정하고 해석을 검증하는 절차도 거쳤다.

이 모든 과정은 마치 '하늘의 계시 해석 시스템'처럼 작동했다. 감시조에게는 극도의 신뢰가 요구되었고, 왜곡되거나 누락된 문장은 결코 용납되지 않았다.

망원경 너머로 바라보는 자와 담벼락 너머로 메시지를 보내는 정명석 사이에는, 쇠창살로 가로막힌 육체 대신, 의심 없는 신앙이 통로가 되어 있었다.

단순한 '편지' 수준일 때도 있었지만, 교단의 주요 안건에 대한 제가도 이뤄졌다.

대걸레는 감옥 담장을 넘어 하늘의 계시를 전하는 깃발이었고, 신도들은 이를 흔들며 메시아의 명을 수락하거나 거절의 뜻을 전달했다.

흰색 걸레는 '수락'과 '인정'을, 색 있는 걸레는 '반려'와 '거절'을 의미했다. 흔드는 방향, 횟수, 속도에 따라 뜻이 달라졌고, 이는 하나의 신호 언어 체계로 정립되었다.

신도들은 담벼락에 남긴 글귀를 해독한 뒤, 그에 맞춰 대걸레를 흔들었다. 예컨대, 흰 걸레를 좌우로 한 번 흔드는 건 "주님의 결정을 따르겠습니다", 붉은 걸레를 흔드는 건 "의문이 있습니다"를 의미했다.

이 기묘한 '기호 언어'는 정명석의 교리만큼이나 정교했고, 교단 내부에서는 신과의 직접 소통 방식으로 신성화되었다.

사람들은 정명석이 무엇을 결제 했는지 보다, 그 신호를 정확히 '받았는가'에 더 큰 관심을 가졌다. 오차 없이 해석하는 것이 곧 충성이었고, 그 충성은 곧 '구원의 자격'이었다.

이 비정상적인 통신이 지속될 수 있었던 배경에는 한 명의 중개자가 있었다. 그는 단순한 신도가 아니었다. 공중파 방송사에 오래 몸담았던 방송계 인사이자, JMS 교단 내 핵심 부서에 소속된 인물이었다.

그는 교도소 인근 고층 아파트에 위치한 신도 거점에서 정명석의 운동 시간에 맞춰 대기했고, 담벼락의 글귀와 신호를 해독해 실시간으로 휴대전화로 전송했다.

정명석은 "언제 몇 시에 운동을 한다"는 사인을 사전에 외부로 전달했고, 이를 받은 감시조는 해당 시간에 맞춰 지정된 아파트 창가에 배치되었다.

하지만 교도소 사정은 언제나 일정하지 않았다. 날씨, 내부 상황, 외부 민원에 따라 운동 시간은 예고 없이 변경되었고, 이로 인해 신도들은 몇 시간씩 망원경 앞에 앉아 정명석이 운동장에 나타나기를 기다려야 했다.

망원경을 든 채 말없이 대기하는 이들은 '하늘의 명을 기다리는 자'로 여겨졌고, 정명석과 직접 연결된다는 자부심을 갖고 있었다. 식사는 교대로 해결했고, 어떤 날은 하루 종일 창가를 떠나지 못하기도 했다.

정명석의 명령은 시간을 따라 흘렀고, 신도들의 하루를 통제하는 방식으로 살아 움직였다. 교도소 담장은 그의 권력을 가두지 못했다. 그의 지시는 매일 운동장에서 시작됐다.

정명석은 분명 교도소 안에 갇혀 있었지만, 그의 지시는 여전히 JMS 내부에서 절대적이었다. 이는 교도소 담장이 그의 '권력'까지 가두지 못했음을 보여주는 사례였다.

이 '담벼락 통신'은 단지 이단의 광기를 넘어서, 종교적 착취가 얼마나 정교하게 구조화될 수 있는지를 보여주는 냉혹한 시스템이었다.

쇠창살은 정명석의 몸은 가뒀지만, 그를 따르던 이들의 신앙과 권력 구조까지는 막지 못했다.

JMS의 하루는 교회가 아닌 교도소에서 시작되었다. 예배의 중심은 강단이 아니라 감옥 담벼락이었고, 신의 음성을 기다리는 자들은 더 이상 교회당이 아닌 망원경 너머에 있었다.

출판물로 둔갑한 성 착취 문건…
쇠창살 너머 전달된 여신도의 몸

정명석은 수감 이후에도 멈추지 않았다. 쇠창살로는 그의 욕망까지 가두지 못했다.

그는 '정식 출판물'이라는 형식을 빌려, 외부 여신도들의 신체 정보를 담은 사진과 편지, 심지어 성기를 합성한 이미지까지 교도소 안으로 반입받았다.

이 문건들은 ISBN을 부여받은 출판물의 형태로 위장되었고, 교정 당국의 검열을 피해 '영치품'으로 그의 손에 들어간 것으로 보인다. 법망을 교묘히 피해 들어온 성 착취 문건이었다.

한 탈퇴자는 이렇게 진술했다.

"성기 사진을 꽃 일러스트와 합성해 마치 예술사진처럼 꾸몄고, 비키니 사진 옆에는 '화보를 찍었습니다'라는 메시지가 손글씨로 적혀 있었습니다."

이 사진들이 담긴 책은 표지부터 편집까지 완벽히 '도서'의 형식을 띠고 있었으며, 외관상으로는 특정 종교 단체의 자기계발서 혹은 성경 해설서처럼 등등으로 위장되어 있었다.

또 다른 제보자도 비슷한 증언을 했다.

"성기를 본뜬 조각 사진을 석회동굴 종유석 사진과 교묘히 합성해서 들여보냈습니다."

이처럼 외설적 이미지와 자연물, 예술 이미지를 결합해 제작한 사진들은 검열 단계에서 걸러지지 않았다. 도서 검열 시스템의 사각지대를 노린 고도의 위장 기술이었다.

정명석은 단순히 팬레터나 외부 소식이 아닌, 여성 신도의 신체를 상품처럼 기록한 데이터를 지속적으로 수신한 셈이다.

일부 문건에는 신체 사이즈와 인적 사항 등이 적혀 있었다는 증언도 나왔다.

이는 수감자가 개인의 성적 목적을 위해 여성 신도의 신체를 조직적으로 수집하고, 유통하고, 교도소 내에서 소비한 구조적 성착취 행위였다.

이 문건들이 문제 없이 통과될 수 있었던 배경에는 정명석의 '교도소 내 조력자'로 지목된 인물, 이른바 '인천사(仁川師)'의 존재 덕이라는 의혹도 제기됐다.

교도소 내 신도 출신 직원으로 추정되는 이 인물은 검열과 반입 과정에서 정명석 측 문건이 문제없이 통과되도록 돕는 '내부 유착'의 연결 고리였다는 의혹이 제기됐다.

법무부 관계자도 이 사안과 관련해 법망의 허점을 인정했다. 해당 관계자는 이렇게 말했다.

"정식 출판물은 일반 편지나 비인가 문건보다 검열 기준이 느슨할 수 있습니다."

이는 단순한 행정상의 허점이 아니라, 의도적 위장과 내부 방조가 맞물린 제도적 부패였다.

결국 쇠창살은 정명석의 몸만 가두었을 뿐, 신도의 몸은 책이 되어 감옥 안으로 들어갔고, 그의 욕망은 그 책장을 넘기며 살아 움직였다.

방송보다 1년 빨랐던
JMS, 유출된 피해자 인터뷰

넷플릭스 다큐멘터리 나는 신이다가 방영되기 1년 전, JMS는 이미 피해자의 목소리를 손에 넣고 있었다.

피해자가 카메라 앞에서 진술한 내용과 편집 전 대화 내용, 그리고 제작진의 질문과 고민까지 담긴 내부 문건이었다.

누군가 방송사 내부에서 이 문서를 빼냈다. 그것은 순식간에 JMS의 법률팀과 대외협력국으로 흘러들어갔다.

당시 문서를 입수한 교단 간부들은 다큐멘터리를 '선제 대응'의 표적이자 방패로 삼았다.

넷플릭스 대응 회의에 참석했던 인물은 10명이 넘었다. 법적 방어의 구심점인 양승남 변호사, 재판 실무를 담당한 김진수 변호사, 탈퇴자 미행과 협박을 주도해온 최철환 목사, 그리고 JMS의 재판 관련 실무자들이 자리했다.

제보자는 그 회의를 이렇게 기억했다.

"문서를 받고 나서 교단 수뇌부 10여 명이 모였습니다. 양승남 변호사, 김진수 변호사, 최철환 목사가 중심이었죠. '이걸 근거로 피해자 증언을 반박하자'는 얘기가 즉시 오갔습니다."

그 자리에서 한 관계자가 입을 열었다.

"진실 9개에 거짓 1개를 섞으면, 증거가 무력화됩니다."

그 한 문장은 냉정하고 무책임했다. 마치 누군가의 인생을 망가뜨리는 것이 서류 문구 하나를 수정하는 일과 다르지 않다는 듯, 아무렇지 않게 내뱉어졌다.

그들은 피해자의 증언에 대응하는 '스토리보드'를 만들었고, 교단 내부 공지를 준비했다.

입수한 자료를 하나하나 분해해 나가면서 "어느 부분은 허점처럼 보인다", "이 대목을 물고 늘어지면 된다"라며 토론을 이어갔다.

그렇게 피해자의 증언은 방송이 시작되기도 전에 가해자들의 테이블 위에 올려졌다.

그들은 이미 '어떻게 반박할 것인지', '어디를 물고 늘어질 것인지'를 시뮬레이션하고 있었다.

그리고 이 계획은 단순한 문서 검토에 그치지 않았다.

피해자를 '정신병자'로 몰아가고, 증거를 지우고, 여론을 교묘히 흔들어낼 또 다른 공모자가 필요했다.

그들은 피해자의 증언에 대응하는 '스토리보드'를 만들었고, 교단 내부 공지를 준비했다.

더욱 충격적인 것은 시민을 지키고 봉사하기 위해 존재하는 경찰이 이러한 작전을 구상하고 도왔다는 점이다.

경찰과 JMS의 합작,
성범죄 증거인멸의 공범이 된 공권력

"수사는 진행 중입니다."

그러나 그 수사를 진행하는 경찰 조직 내부에, 범죄자 편에 선 이가 있었다.

그 핵심 인물은 서울경찰청 소속의 주수호 경감이다. 그는 피해자의 고소·고발장을 사전에 입수해 정명석 측에 유출했고, JMS 대외협력국장과 공모하여 증거인멸 대응 시나리오를 짜며 날짜별 계획서를 만들었다.

특히 그는 "휴대전화를 바꾸라"는 조언까지 하며, 물증을 없애는 데 직간접적으로 개입했다.

더 나아가 JMS 내부의 고위 신도 2명, 이른바 '박사 신도'들이 함께 만든 심리보고서를 통해 피해자를 정신질환자로 몰아가려는 계획도 세웠다.

이 보고서는 정명석에 대한 증언의 신빙성을 떨어뜨리기 위한 조직적 시도였다. 그들은 피해자의 진술을 조롱하고 폄훼하며, 이단 교리로 무장한 선동과 전문용어로 포장한 허위 자료로 진실을 흐리려 했다.

이 모든 정황은 한 녹취록에서 명확하게 드러난다. 해당 녹취에서 주 경감은 이렇게 말했다.

"진짜 정신병적인 내용이야. 그걸 활용해야 해. 논점을 흐리는 게 우리의 목적이잖아."

이는 피해자를 정신병자로 몰아 사건의 본질을 흐리고, 여론을 교묘히 전환시키려는 전략의 일환이었다.

국회 국정감사에서도 이 문제는 정면으로 제기됐다. 당시 경찰청장 윤희근은 "경찰 내부에 JMS 신도조직의 실체가 존재한다"는 점을 인정했다.

수사기관이 사이비 종교의 외곽조직이 되어 피해자 탄압에 가담한 전례 없는 사건이었다.

이 사건은 단순한 경찰의 '감시 실패'가 아니라, 공권력의 적극적인 왜곡과 협조가 만들어낸 구조적 부패의 사례다. 정명석의 교리는 교도소 담장을 넘어서 수사기관 깊숙이 침투했고, 그 속에서 정의는 조직적으로 훼손되었다.

가해자의 손을 잡은 수사기관, 이보다 더 위험한 공권력의 타락이 있을까. 이 사건은 단순한 사이비 교주의 일탈이 아니라, 한국 사회의 법치 시스템을 정면으로 시험한 비극이었다.

변호사 사무실에서 흘러나온 피해자의 목소리, 그리고 방어권이라는 이름의 2차 가해

재판 당시 피해자와 변호인 측은 반복적으로 같은 경고를 했다. "피해자의 육성이 담긴 증거가 피고인 측 조직으로 흘러들 수 있다"는 우려였다. 그러나 법원은 피고인 정명석 측에 '열람 및 등사' 권한을 부여했다.

이는 피고인의 방어권 보장을 위한 결정처럼 보였지만, 실제로는 피해자 보호의 마지막 장벽을 허물어버린 셈이었다.

정명석 측 변호인은 "절대 외부에 유출하지 않겠다"고 서약했지만, 등사한 파일은 며칠 후 법무법인 사무실에서 복수의 신도에게 들려졌다. 나아가 해당 녹취록 파일은 일반 신도들에게까지 공유됐다.

더 큰 문제는 파일을 관리한 인물이 변호사가 아니라 교단 내부 핵심 신도였다는 점이다. 그는 피해자의 성폭력 피해 상황이 담긴 민감한 음성 파일을 복수의 신도에게 재생했다.

아이러니하게도, 이 행위는 오히려 진실을 인정하게 되는 계기가 되었다. 그동안 <나는 신이다>의 피해자 음성이 조작되었다고 주장하던 한 신도는 해당 파일을 직접 들은 후 자신의 주장을 철회했다.

2025년 6월, 그는 언론 인터뷰에서 이렇게 고백했다.

"원본을 처음부터 끝까지 들어보니, 내가 그동안 했던 주장과 달리 악의적 조작이나 편집이 아니라는 사실을 깨달았습니다. 피해자와 관계자분들께 진심으로 사과드립니다."

이 사건은 피고인의 방어권이라는 이름 아래, 피해자의 존재가 조직적으로 해체될 수 있음을 보여주는 잔혹한 사례다.

검찰은 이를 중대한 사건으로 판단했다. 정명석 측 변호사를 업무상 비밀누설 혐의로 불구속 기소했고, 법무법인에 대한 압수수색에 나섰다. 유출 경로, 파일 관리 체계, 교단 내부 전달망까지 전방위 조사가 이어졌다.

피해자 측은 유출로 인해 심리적 고통과 신변 노출, 법정에서의 방어권 약화까지 호소해야 했다. 피해자의 육성은 더 이상 '증거'가 아니었고, 교단 내부 왜곡에 쓰이는 '도구'로 전락하고 있었다.

이 사건은 단순한 유출 사고가 아니다. 법의 허점이 어떻게 특정 종교 권력에 의해 조직적으로 활용될 수 있는지를 보여주는 구조적 경고다.

정명석은 감옥에 있었지만, 그의 변호인은 법의 틈새를 통해 피해자의 목소리를 교단에 넘겼다. 그리고 그 목소리는 교단 내에서 분석되고, 분해되고, 왜곡되었다.

그 순간 피해자는 단지 또 한 번의 재판이 아니라, 또 한 번의 사적 재단과 조롱을 견뎌야만 했다.

교단의 지우개
'개우지'와 KTX 작전

JMS 교단 내부에는 외부에 드러나지 않는 '온라인 정화조직'이 존재했다. 그 이름은 '개우지', 지우개를 거꾸로 한 말이다. 단순히 장난처럼 들릴 수 있는 이 이름은, 그 실체를 알게 되면 더 섬뜩하게 다가온다.

'개우지'는 여론 대응팀이 아니었다. 그들은 종교적 진실을 관리한다는 명분 아래, 불편한 진실을 인터넷에서 말소하는 디지털 검열조였다.

이들의 표적은 명확했다. JMS에 비판적인 기사, 피해자의 증언, 탈퇴자의 폭로 글, 그리고 교단에 불리한 검색 키워드들. 심지어 포털 카페나 블로그에 올라온 탈퇴자들의 수기조차도 이들의 '정화 대상'이었다.

게시글은 삭제되거나, 노출 우선순위가 떨어지도록 조작됐고, 검색 키워드에서 'JMS 성범죄', '정명석 피해자' 같은 단어는 슬그머니 사라졌다.

이 조직의 지휘자는 정명석의 친동생 정범석이었다. 그는 JMS 대외협력국을 총괄하며, 교단의 내부 보안부터 외부 이미지까지 일괄적으로 관리했다.

개우지는 그의 통제 아래 정교하게 매뉴얼화되었고, 수시로 온라인 여론 동향을 보고받으며 움직였다. 이러한 개우지의 디지털 활동은 '복음 사역'으로 여겨졌다.

'KTX 작전'은 개우지의 핵심 디지털 전술이었다. 이 작전은 포털사이트에서 '정명석', '성범죄', 'JMS' 등 키워드가 급상승하거나, 피해자 증언이 담긴 뉴스가 메인 화면에 노출되면, 'KTX 작전'이 즉시 발동됐다.

수십 명에서 많게는 수백 명의 교단 신도들이 일사불란하게 온라인 공간으로 투입되었다. 그들의 임무는 명확했다. 부정적 콘텐츠는 숨기고, 교단 홍보물은 띄우는 것.

작전 방식은 정교했다. 신도들은 매크로 프로그램으로 JMS와 무관한 연예 기사, 드라마 리뷰, 스포츠 뉴스 등을 반복 클릭해 포털의 실시간 검색 순위 알고리즘을 왜곡시켰다.

그 외에도 키워드 조작, 댓글 도배, 클릭 유도, 콘텐츠 신고 등을 통해 비판 기사의 노출을 낮췄다. 특히 '명예훼손', '허위사실'

등의 사유를 집단적으로 작성해 포털에 자동화된 게시중단 요청을 보내는 방식은, 시스템의 취약점을 정교하게 노린 것이었다.

이 과정에서 일반 신도들은 자신이 여론 조작에 가담하고 있다는 자각 없이, '사탄의 도구를 정화하는 일'이라고 믿으며 행동했다. 명백한 조직적 조작이 종교적 신념이라는 외피로 은폐된 것이다.

이 작전에 사용된 것은 매크로 프로그램이었다. 키워드 자동 검색 등 일련의 행위를 사람이 아닌 프로그램이 대신 수행하도록 설계됐다. 이 프로그램은 수많은 브라우저를 열어 마치 수백 명이 동시에 검색하고 활동하는 것처럼 위장했다.

'개우지'와 'KTX 작전'은 단순한 이미지 관리 차원이 아니었다. 이는 종교 조직이 여론이라는 공적 공간을 사유화하고, 진실을 덮기 위해 디지털 기술을 종교 명령으로 치환한 구조적 선전 시스템이었다.

이러한 조직적 여론 조작은 놀랍게도 수년간 포털 시스템에서 별다른 제재 없이 지속됐다. 알고리즘은 사람의 의도를 읽지 못하고, 반복된 클릭과 검색만을 '관심'으로 인식했기 때문으로 보인다.

결과적으로 JMS 피해자들의 용기 있는 증언과 고발은 검색 결과 하단으로 밀려나고, 대신 '정명석 예수설', '메시아 사상', '정명석 어록' 등의 교단 내부 미화 콘텐츠가 상위에 노출되었다.

'개우지'는 단순한 삭제 도구가 아니었다. 그것은 JMS 교단이 조직적으로 진실을 은폐하고, 피해자를 지우고, 비판자를 억압해온 구조의 일부였다.

그리고 'KTX 작전'은 디지털 시대에 사이비 종교가 어떻게 기술을 권력으로 전환하는지를 보여주는 전례 없는 사례였다.

JMS를 지탱한 핵심 동력은 '믿음'이 아닌 '시스템'

JMS가 지금껏 존속할 수 있었던 이유는 단순한 종교적 신념 때문이 아니었다. 그들의 실체를 들여다보면, 그 안에는 교리를 떠받치는 신앙이 아니라, 철저히 계산된 시스템이 있었다. 그 시스템은 정명석을 '신'으로 보호하기 위한 복합적인 기계 장치였다.

핵심은 법조권력이었다. 정명석의 등기상 대표인 양승남 변호사, 그리고 재판 실무를 총괄한 김진수 변호사는 이 구조의 두 축이었다.

이들은 단순한 변호인이 아니었다. 정명석이 감옥 안에서도 '신격화된 피고인'으로 남아 있을 수 있도록 현실을 재구성하고, 증거를 분석하며, 전략을 짜는 '법률 엔진'이었다.

두 사람은 피해자 진술에 대한 대응 방안 회의에서 "진실 9개에 거짓 1개를 섞자"는 발언을 주고받았다. 실제 존재하는 녹취록 속 이 한 문장은, JMS의 진실 왜곡 전략을 명징하게 보여준다. 그들은 교리보다도 전략을 신봉했고, 정의보다도 방어를 우선했다.

넷플릭스 다큐멘터리 <나는 신이다> 방영 전, 더 충격적인 일이 벌어졌다. 피해자의 인터뷰 자료가 방송국 내부에서 JMS 수뇌부로 유출된 것이다.

이 민감한 정보는 넷플릭스 대응 회의에서 전략적으로 활용됐다. 그 회의의 참석자는 바로 양승남, 김진수, 그리고 JMS 대외협력국장이자 언론 대응을 주도한 최철환 목사였다.

JMS는 법의 틈새뿐 아니라 경제시스템도 철저히 활용했다. JMS 관련 기업들은 외형상 일반 법인이지만, 그 운영 근간은 JMS 신도의 저임금 노동과 강제 참여였다. 노동착취를 바탕으로 구축된 이 기업들은 JMS에 안정적인 자금줄을 제공했고, 막대한 경제적 방패막이 되었다.

이처럼 JMS는 단순한 사이비 종교 조직이 아니다. 법조인, 방송계 내부 인사, 경찰, 기업, 디지털 여론조작 조직이 서로 맞물려 돌아가는 복합적 범죄 시스템이다. 신앙은 그 시스템의 겉포장일 뿐, 핵심은 통제와 왜곡, 그리고 침묵을 사는 기술이었다.

그들이 정명석에게 제공한 것은 단지 충성이 아니었다. 철저하게 설계된 날개, 그리고 피해자들을 끊임없이 찢고 무력화시키는 정교한 보호막이었다.

"그들은 왜 그 신에 빠졌는가"

이 질문은 단지 정명석이라는 한 사람을 묻는 것이 아니다. 신이 되기를 욕망한 자와, 그런 이를 신처럼 추앙하기를 주저하지 않은 시스템 전체를 향한 질문이다.

JMS는 믿음으로 유지되지 않았다. 믿음을 설계한 시스템, 믿음을 경영한 법률가들, 믿음을 수익화한 기업과 미디어, 그리고 믿음을 감시한 디지털 조작 조직이 있었다. 그들 모두가 정명석이라는 '신'을 가능하게 만든 설계자였다.

결국 그들은 신을 믿은 것이 아니라, 신을 만들어야만 했다. 그 결과, 한 범죄자는 신이 되었고, 수많은 사람은 피해자가 되었다.

이 시스템은 지금도 우리 곁 어딘가에서 또 다른 '신'을 만들고 있지는 않은가.

3장

이인자를 향한 짝사랑

정조은은 누구보다 뜨거운 신앙으로 정명석을

메시아라 외쳤고, 누구보다 냉혹하게 그를 부정했다.

정명석이 만든 신화에 올라타 권력을 쌓았고,

그 신화를 허무는 데도 주저하지 않았다.

'성령의 시대'를 자임하던 그녀가 스스로 '머리 자르기'를

감행하자, 교단의 균열은 걷잡을 수 없이 번져갔다.

그리고 혼돈의 끝에서, JMS는 사상 처음으로

어떤 '영적 지도자'도 없는 진공 상태에 빠져들었다.

정조은 "정명석 예수 아냐…
선생님 가족들이 '메시아 집안'이라 주장"

2023.03.21

"정명석 선생님은 메시아가 아니다. 현재 JMS는 선생님이 메시아라고 믿는 사람들과 믿지 않는 사람들의 싸움이다. 다만 선생님의 가족들은 선생님이 메시아이기를 바란다"

여성 신도를 준강간·준유사강간한 혐의를 받아 재판 중인 정명석 기독교복음선교회(JMS) 총재의 오른팔로 불리는 정조은(본명 김지선) 목사가 지난 20일 <투데이코리아>와의 만남에서 정 총재에 대해 이처럼 밝혔다.

정 총재는 2018년 2월부터 2021년 9월까지 충남 금산에 있는 수련원 등에서 17회에 걸쳐 20대 A씨를 준강간·준유사강간한 혐의를 받았다. 이어 2018년 7월부터 12월까지 같은 수련원에서 5회에 걸쳐 30대 B씨를 강제추행한 혐의도 적용됐다.

대전지법 제12형사부(재판장 나상훈)는 21일 오후 2시 230호 법정에서 준강간, 준유사강간, 준강제추행, 강제추행 혐의로 기소된 정 총재에 대한 5차 공판을 진행했다.

정 총재의 성 비리와 관련해 정 목사는 "선생님께서 그러셨다. 안 그러셨다고 말하기는 어렵지만 그러셨을 수 있다는 생각도 든다"며 "만약 성 관련된 파문이 사실이라면 선생님께서 인정하고 돌이키셨으면 좋겠다. 다만 이러한 문제는 선생님 개인만의 문제가 아닌 교단의 수뇌부들이 함께 책임을 지고, 감당해야 할 문제라고 생각한다"고 말했다.

그러면서 "정명석 선생님은 스스로를 메시아가 아니라고 말씀하시는데 오히려 가족을 비롯한 주변인들이 메시아라고 믿는다. 일례로 정명석 선생님 집안으로 시집을 간 사람에게 정명석 선생님 가족들이 '메시아 가문에 시집 온 것을 영광으로 알아라'라고 말한 적도 있다"고 전했다.

아울러 "우리 교단의 교인들은 둘로 나뉜다. 광신적인 부분이 내 눈에도 보인다. 외부에서 그렇게 바라보는 것도 이해가 된다"며 "우리 스스로가 외부에서 바라봤을 때 이단성을 가진 부분을 자정작용을 통해 걷어내는 것이 맞는 것이라고 사료된다"고 강조했다.

또한 정 총재가 설교 시간에 스스로 메시아라고 칭한 것에 대해 정 목사는 "그 순간 방언을 하듯 예수님이 선생님의 몸을 빌려 말씀하신다는 뜻이지 결코 선생님 자체가 메시아라는 것이 아니다"라며 "선생님 개인의 삶과 정확히 분리해서 들어야 한다"고 힘주어 말했다.

특히 정 목사는 "내가 만약 정말 선생님이 메시아라고 믿었다면 이미 나는 다른 사람들처럼 멘탈이 무너졌을 것이다. 하지만 나는 선생님은 좋은 스승일 뿐 메시아가 아니라고 생각하기 때문에 견딜 수 있는 것이다"라며 "현재 선생님 관련된 이슈를 받아들이지 않는 현재의 지도부는 너무 위선자 같다"고 비판했다.

이와 관련해 '지도자들의 이러한 행동이 정말 정명석을 위한 마음 때문만인지 본인들의 자리를 지키기 위함인지' 묻자, 정 목사는 "두 가지가 섞여 있는 것 같다. 둘 다 공존한다. 물론 존경심도 있지만 그걸 기반으로 자신들의 위치라든가 이런 걸 생각하는 것 같다"는 입장을 전했다.

그러면서 "구원은 예수님뿐이다. 예수님만 이루신다. 이를 왜곡되게 생각하는 사람이 이 안(교회)에 있기 때문에 지금과 같이 내가 공격을 받는 것이다"라며 "그들이 생각하기엔 선생님을 그냥 메시아로 해석한다"라고 주장했다.

이어 "그런 사람들은 가스라이팅을 당하는 게 아니고 스스로 본인이 본인을 가스라이팅 시키는 것"이라고 덧붙였다.

하지만 정 목사의 주장과는 달리 JMS를 탈퇴한 다수의 신도들은 "정조은이 스스로를 성령의 화신이라고 말했으며, 정명석을 메시아라고 선포하고 다녔다"며 엇갈린 주장을 펼치고 있다.

한편, 대전지법 제12형사부(재판장 나상훈)는 21일 오후 2시 230호 법정에서 준강간, 준유사강간, 준강제추행, 강제추행 혐의로 기소된 정 총재에 대한 5차 공판을 진행했다.

이날 재판에서는 정 총재 측에서 신청한 증인 신문이 이뤄질 예정이었으나 증인들이 출석하지 않아 증인 신문 절차가 이뤄지지 않았다. 재판부는 정 총재의 과거 행적과 조력자 유무 등 도망갈 염려가 있다고 판단, 보석에는 어려움이 있다는 입장을 밝혔다.

특히 증인 신문을 통해 교리 문제와 세뇌 문제에 대해 신문할 수밖에 없고 집중 심리를 하더라도 구속 기간과 상관없이 진실 발견에 노력해야 하며 이를 위해서는 신청한 5명의 증인이 아닌 1~2명의 증인 신문은 큰 의미가 없다고 강조했다.

검찰은 이에 대해 "정씨(정 총재) 측에서 신청한 증인 중 대부분 참고인 등 진술서 형태로 조사가 다 이뤄졌다"라며 "수사 단계에서 충분히 진술이 현출됐다고 보이며 신문 필요성은 없다"라고 답했다.

검찰은 정 총재 측 변호인의 행동이 재판을 지연시키려는 의도가 있다고 목소리를 높였으며 정 총재 측 변호인은 지연시킬 목적이 아니라고 반박했다.

이날 검찰은 정씨가 신도들에게 자신을 메시아로 칭하며 세뇌, 자신의 말과 행동을 거부하지 못하도록 한 뒤 항거불능 상태를 이용해 범행을 저지른 것으로 보고 있다.

앞서 정씨는 과거에도 여신도를 성폭행한 혐의로 징역 10년을 선고받고 2018년 2월에 출소했다.

지난해 12월부터 지난 1월까지 충남경찰청에 한국 여성 신도 총 3명이 추가로 고소장을 접수하기도 했다.

재판부는 다음 달 3일 오후 2시 피해자를 증인으로 불러 신문을 진행한 뒤 정 총재 측 증인 신문에 대해 논의할 방침이다.

JMS 정명석 "(정)조은이는 다 알아서 너네 시키는거야"…자금책 2명 수면 위로

2023.04.17

"너 이런 거 돈에 손대면 안 돼, 큰일나 조은이는 다 알아서 너네 시키는거야. 조은이(정조은)는 나랑 중국에서 (불법행위의 위험성에 대해) 경험해봐서 다 알아"

<투데이코리아>가 입수한 녹음 파일에는 기독교복음선교회(이하 JMS) 신도들로부터 나온 헌금을 정조은(본명 김지선)에게 전달하는 비서 정모 씨와 주모 씨에게 정명석 총재가 말한 내용이 담겼다. 다시 말해, 정조은이 헌금을 수금하는데 직접적으로 관여하지 않고 자신이 직접 임명한 두 명의 비서를 운반책으로 이용했다는 것이다.

먼저, 비서 정모 씨는 정명석이 2000년 초 중국에서 활동할 당시 정조은과 함께 비서 업무를 수행했을 정도로 가까웠으며, 이후 골프 선수 출신 주모 씨가 합류하면서 자금 운반 역할을 함께 했던 것으로 확인됐다.

비서들은 일부 신도들로부터 백만 원 단위의 돈은 계좌이체로, 천만 원 단위 이상의 돈은 현금으로 받아 정명석과 정조은에게 전달한 것으로 파악됐다.

구체적인 방법에 대해 제보자는 "(헌금하는 신도가) 비서들에게 계좌이체를 하거나, 5만 원권을 뽑아 월명동에 가서 직접 돈을 비서들에게 전해주는 방식으로 정명석과 정조은에게 개인 헌금을 했다"고 주장했다.

앞서 정조은이 <투데이코리아>와의 인터뷰에서 헌금 횡령 의혹에 대해 "교내 헌금이 모두 전사적 자원 관리(ERP) 시스템에 기록돼 투명하게 운영됐다"는 증언과 달리, 실제로는 비서를 통해 개인적으로 받은 경우도 있다는 것이다.

인터뷰 당시 정조은은 "현금으로 직접 헌금을 받은 적은 있으나, 받는 대로 모두 ERP 시스템에 올렸다"고 해명했다.

여성 신도를 성폭행해 10년 동안 복역했던 정명석이 2018년 2월 18일 출소하자, 정조은이 전국의 일부 지도자를 통해 정명석 개인 면담권을 5천만 원에 판매했다는 의혹이 제기됐다.

제보자는 "비싼 가격임에도 불구하고 해외 도피 기간과 교도소 수감 기간을 합쳐 20년 만에 얼굴을 보인 만큼 많은 이들이 정명석과의 개인 면담을 신청했다"고 설명했다.

정조은은 이른바 '정명석 개인 면담권'을 신도들에게 판매했으며, 신도들은 '선생님에게 드리는 헌금'이라는 명목으로 지불했다. 당시 JMS 관계자는 정명석에게 헌금을 받았는지 묻자, 정명석은 받은 적이 없다고 주장했다. 이를 전해들은 교인들은 정조은이 면담 비용을 가로챘다는 의혹을 제기했다.

실제로 취재진과 만난 JMS 관계자 30여 명은 "정명석에게 준 헌금을 정조은이 중간에서 가로챘다"고 주장했다.

정조은은 <투데이코리아>와의 인터뷰에서 '정명석 총재는 돈(면담 비용)과 정조은 씨 차명 부동산에 대해 전혀 모른다고 주장했는데 사실인가'라는 질문에 "그때는 선생님(정명석)이 메이플로부터 고소된 상태였다"며 "사소하게라도 돈까지 연루되면 절대 안 되겠다는 생각이 들었다. 누군가 해당 부동산이나 돈에 대해 물어보면 '선생님은 절대 모른다고 답하시라'고 당부해서 그러셨을 것"이라고 주장했다.

더불어 정조은이 신도들로부터 금전적 이득을 취했다는 정황도 있다.

2022년 3월 12일 진행된 전국 교역자 모임에 참석한 제보자 A 씨는 비서 정모 씨가 정조은의 생일 선물 명목으로 참석자들에게 돈봉투를 걷었으며, 현장에서 공공연하게 정조은에게 건넨 모습을 목격했다고 주장했다.

A씨는 "정조은이 항상 본인의 생일 전날인 3월 12일에 지도자 모임을 진행했다"며 "교단 내에서 2인자로 군림하는 정조은에게 환심을 사기 위해 지도자 모임 참여자들이 생일 선물 명목으로 금품을 준 것"이라고 말했다.

그러면서 "정조은이 자금 흐름 추적을 방지하기 위해 비서에게 현금을 주도록 교육한 것 같다"고 전했다.

한편, 정조은이 신도들의 헌금으로 부동산, 명품, 자동차 등을 구매했다는 의혹이 제기되면서 JMS 관계자들은 헌금 횡령에 대한 조사가 필요하다는 의견을 내비쳤다.

'JMS 내부분열' 정조은 해임안 발의…
정명석 편지 "조은이 목사, 사임 말고"

2023.03.23

기독교복음선교회(JMS)의 2인자로 불리는 정조은 목사(본명 김지선)에 대한 해임안이 발의됐다. 지난 20일 정 목사가 <투데이코리아>와의 인터뷰에서 '정명석은 메시아가 아니다'라고 한 발언이 화근이라는 해석이 나온 가운데, 정 총재의 성범죄로 얼룩진 JMS 내부 계파 갈등으로 번질지 주목된다.

22일 정 목사의 해임안은 준강간·준유사강간 혐의로 재판 중인 정명석 총재가 작성한 편지로부터 촉발됐다. 정 총재가 작성한 편지에 따르면 "흰돌(주님의 흰돌교회)도 지난 모순들 생각하고 이번은 최고로, 흰돌 야심작을 하나님 성령 예수님과 선생과 책임지고, 목숨 걸고, 지도자와 (정)조은이 일체되어 하라고 예수님 성령도 하신다"라며 "조은이 목사도 흰돌교회 사임하지 말고…"라고 적혀 있다.

정 총재가 정 목사를 두둔한 것을 두고 '정 목사가 JMS의 권력을 잡을 것'이란 해석이 나온 가운데, 일부 JMS 신도들은 "편지 내용을 믿을 수 없다"라며 조작됐다고 주장했다.

이번에 해임안을 촉구한 신도들은 앞서 정 목사가 지난 12일 지도자 모임에서 '(JMS에) 지난 과오가 있다면 청산할 최고의 기회는 바로 지금'이라고 주장한 것에 분개하며 '주님의 흰돌교회'(이하 흰돌교회) 비상대책위원회(이하 비대위)를 꾸렸다.

비대위는 "총재님과 흰돌교회 성도들 및 전 세계 섭리인에게 씻을 수 없는 상처와 막대한 생명 유실을 초래했다"며 "하늘 앞에 석고대죄하고 물러나야 한다"고 주장했다.

아울러, 지난 20일 정 목사가 <투데이코리아>와 진행한 인터뷰 내용을 언급하며 "섭리인이 스스로를 가스라이팅시키는 것"이라는 취지의 발언을 비판하면서 정 목사의 해임안을 강력히 촉구했다.

정 목사를 본격 해임하기 위해 22일 비대위 일동은 "교역자단은 2년여간 하늘의 말씀 원본을 훼손하여 전했고, 모두 정조은(본명 김지선) 목사와 뜻을 같이해온 바, 교인들은 그 누구의 설교도 들을 수 없다"라며 해임안을 발의했다.

비대위는 "주충익(본명 오충익) 목사가 지난 21일 넷플릭스 시리즈 '나는 신이다: 신이 배신한 사람들'(이하 '나는 신이다')을 청년부 예배에서 강제로 시청하게 했다"고도 주장하면서 "정 목사는 슈스(슈퍼스타·중고등부) 예배 진행 시 2세(JMS 신도들의 자녀)들의 이성관을 혼란스럽게 만듦과 동시에 정명석의 말씀을 훼손했다"고 주장했다.

그러면서 "이를 통해 순수하게 믿고 따랐던 중고등부들이 섭리를 나가게 만들었다"고 덧붙였다.

이어 비대위는 "흰돌 교인 전체를 섭리 표상 교회로서 명예를 실추시키고, 교인을 혼란에 빠뜨린 점, 영육으로 삶을 위태롭게 만든 하나님의 귀한 생명들을 잃게 만든 점 등의 책임을 물어 흰돌 교역자 정조은 목사, 주충익 목사를 직위 해제하는 해임안에 동의한다"고 밝혔다.

정 목사 해임안에 대해 한 JMS 탈퇴자는 "정조은에게 쓴 편지는 정명석 자필이 분명하다"며 "정명석이 잘못한 게 많아서 정조은에게 휘둘리는 분위기다. 그래서 사실상 정명석의 입지가 좁아진 것 아니냐는 시선도 있다"고 해석했다.

그러면서 "교인들은 아직 정명석의 자필 편지에 대한 진위 여부를 파악해야 한다고 하는데, 맞다면 정조은이 그의 뒤를 이을 것이고, 정명석이 처벌받게 된다 해도 JMS는 옹립할 가능성이 크다"고 경고했다.

한편, 22일 밤 9시 40분쯤 흰돌교회에서 정 목사를 본격 해임하기 위한 지도자 모임이 시작된 것으로 알려진 가운데, 해임 동의 수에 따라 정 목사 해임 여부가 결정될 것으로 보인다.

'한 배를 탄 정조은·정명석'…
자필편지 진위여부로 JMS 내부분열

2023.03.23

<투데이코리아>가 최초 입수한 기독교복음선교회(JMS) 정명석 총재의 자필 편지에 따르면 "나는 누구 편도 아니다. 조은이 목사도 흰돌교회 사임하지 말고 교인들과 대화하고 단합하고 문제들을 풀어주고 잡아주고"라는 내용이 담겼다. 이와 관련해 일부 교인들은 "정명석의 글씨가 아니다. 필적 감정을 맡겨야 한다"고 강조했다.

지난 21일 정 총재의 자필 편지가 정조은(본명 김지선) 목사에게 전해진 가운데, 취재진은 해당 편지를 입수했다.

정 총재는 편지에 "내가 잘못한 것이 있으면 모두 용서를 빈다"며 서두를 뗐다. 이후 "너희도 내게 잘못한 것이 있으면 용서하니 서로 화목해지자"고 이어갔다.

또 "계시록 2장 17절에 예수님이 이기는 자에게 흰 돌을 준다고 했다. 흰돌교회의 흰 돌은 예수님을 상징한 것이다. 이긴 자다. 예수님 교회다"라며 "또 분쟁하고 여러 이유를 달고 화목을 깨트리고 숨어서 뒤에서 말로나 서로 글로나 분쟁하는 자들은 다른 교회로 전입을 시킬 수밖에 없다"고 경고했다.

특히, 정 목사와 관련해서는 "조은이 목사도 흰돌교회를 사임하지 말고 교인들과 대화하고 단합하고 문제들을 풀어주고 잡아주고 여러 가지 육적으로 흐른 신앙과 사랑들도 잡아주고 하나님 성령님 예수님 사명자 하나 되어 결심대로 잘 좀 해주자"라고 전했다.

이와 관련해 흰돌교회는 비상대책위원회(이하 비대위)를 꾸렸다. 이들은 "해당 편지의 사인과 필적이 선생님(정명석)의 것이 아니다"라며 "정조은이 선생님의 필적을 위조했다"고 강하게 반발했다.

이어 "필적 대조 조사를 맡길 예정"이라며 "정조은이 임의로 선생님을 사칭한 것이라면 절대 좌시하지 않을 것"이라고 강조했다.

해당 편지에 대한 의견은 JMS 교단과 흰돌교회뿐만 아니라 JMS를 탈퇴한 이들 사이에서도 높은 관심을 받고 있다.

편지에 대해 탈퇴자 A씨는 "필체가 교주 필체다. 평소 자신감 넘칠 때 교주가 멋부려가며 휘갈긴 글씨체와 이질감이 느껴지는데, 이는 예전 교주 반성문을 참조하면 비슷하다는 것을 알 수 있다"며 "정조은은 사면초가의 위기에 놓여 있기에 편지를 조작하는 위험한 행동을 하지 않을 것"이라는 의견을 내놓았다.

반면, 다른 의견을 내놓는 탈퇴자도 있었다. 탈퇴자 B씨는 "정명석의 글씨체가 아닌 것 같다. 평소 알고 있던 글씨체가 아니다"라며 "잔꾀가 많은 정조은이 조작했을 가능성도 농후하다"고 반박했다.

이와 같이 정명석의 자필 편지에 대해 '정명석이 작성한 글이 맞다', '아니다'로 내부 갈등이 심화되는 분위기다.

JMS에서 간부로 생활하던 탈퇴자 C씨는 "정조은과 정명석은 서로 떨어질 수 없는 상황"이라며 "정명석이 정조은을 두둔하는 것은 예상된 당연한 시나리오다. 정조은이 망하면 그가 정명석과 관련된 자료를 풀며 자폭할 것이 자명하기 때문"이라고 설명했다.

정 목사는 지난 20일 <투데이코리아>와의 인터뷰 당시 용인 부동산 횡령 의혹과 관련해 '정명석 총재는 용인 땅과 관련해 자신이 전혀 모르는 부동산이라고 주장한 바 있는데 사실인가'라는 질문에 "그때는 선생님(정명석)이 메이플로부터 고소된 상태였다"며 "사소하게라도 돈까지 연루되면 절대 안 되겠다는 생각이 들었다. 누군가 해당 부동산에 대해 물어보면 선생님은 절대 모른다고 답하시라고 당부해서 그러셨을 것"이라고 주장했다. 이처럼 정명석과 정 목사는 서로의 약점을 쥐고 있을 것이라는 추측이 나온다.

정 총재의 자필 편지의 진위 여부를 판단하는 과정에서 JMS 내부 갈등이 고조되는 가운데, '주님의 흰돌교회' 정 목사와 주충익(오충익) 목사 해임안 등에 귀추가 주목된다.

JMS 내부 갈등 최고조…
정명석, 해임 앞둔 정조은 두둔

2023.04.02

JMS의 2인자로 불리던 정조은(본명 김지선) 목사의 해임 여부가 오는 2일 진행될 예정이다.

주님의 흰돌교회(이하 흰돌교회) 비상대책위원회(이하 비대위)는 교인들에게 '임시공동의회(총회) 소집 통지'를 최근 전달한 것으로 알려졌다.

해당 통지에는 오는 2일 오전 8시 30분부터 오후 2시까지 진행될 총회에서 정조은 목사와 주충익 목사(본명 오충익) 해임안에 대한 투표를 진행할 예정이라는 내용이 담겼다. 투표 대상자는 '선거인명부에 등재된 18세 이상 등록 활성 회원'으로 제한했다.

흰돌교회 비대위는 지난달 22일에도 정조은과 주충익을 해임하기 위해 '흰돌교회 교역자 해임안'을 발의한 바 있다. 당시 비대위 일동은 "해임안을 통해 지난 2023년 3월 12일 총재님이 '죄가 있다'라고 공표한 정조은 목사의 주장에 절대 동의할 수 없다"며 "이를 방조한 주충익 목사 역시 용납할 수 없다"고 강조했다.

그러면서 "교역자들이 2년여간 하늘의 말씀(정명석 말씀) 원본을 훼손하여 전했다"며 "정조은 목사와 뜻을 함께해온 교역자들의 설교를 들을 수 없다"고 밝혔다. 특히 비대위는 "주충익 목사는 지난 21일 넷플릭스 다큐멘터리 '나는 신이다'를 청년부 예배에서 강제로 시청하게 했다"며 "정조은 목사 역시 슈퍼스타(중·고등부) 예배 진행 시 2세들의 이성관을 혼란스럽게 만들고, 선생님(정명석)의 말씀을 훼손했다"고 주장했다.

이어 "이들(정조은과 주충익)은 거짓을 일삼으며 연로를 차단하고 공포와 강압으로 교회를 운영했다"며 "미몽에서 깨어나지 못하고 방황하여 섭리를 등지는 생명들이 많기에 시급히 지도자 교체가 필요하다"고 말했다.

하지만 해당 해임안이 발의된 이후에도 정조은은 여전히 흰돌교회에 남았으며, 예배가 있는 날에는 정조은 중심의 예배와 비대위 중심의 예배로 나눠서 두 차례씩 진행했다.

정명석 역시 정조은 편을 들고 있는 모양새다. 정조은 측에 따르면 지난달 29일 양승남 변호사와 교단 관계자 두 명이 비대위를 향해 "총회를 중지하고, 비대위를 해산하라"는 입장을 전한 것으로 알려졌다.

또한 지난달 28일 흰돌교회에 도착한 정명석 편지에 "전번에 편지 내가 보냈는데! 내가 할 것이다 하지 않았느냐? 나 위해서 한다고 나 해치지 말아라. 모임 총회 금지해! 내가 조은이 목회 흰돌 더 하라고 했다"라는 내용이 담겼다고 한다.

이와 관련해 흰돌교회는 "지난 3월 20일과 22일 흰돌교회에 모두 주신 편지는 영상으로 제작해 공지하겠다"며 "선생(정명석)의 편지 원문 확인을 원하는 흰돌 교인은 1층 총무실에서 확인이 가능하다. 외부 유출 문제로 사진 촬영 및 복사는 불가능하다"고 밝혔다.

한편, 정조은은 지난 20일 <투데이코리아>와의 대면 인터뷰에서 "머리를 노랗게 물들이고, 짧은 치마를 입고, 이상한 추임새를 넣은 이들"이라며 정명석 성 피해자를 두고 2차 가해를 한 바 있으며, 넷플릭스 다큐멘터리 '나는 신이다'에서 정명석에게 여신도를 연결한 이른바 'J'언니로 지목된 바 있다.

이와 관련해 JMS에서 간부로 생활하던 탈퇴자 A씨는 "정조은과 정명석은 서로 떨어질 수 없는 상황"이라며 "정명석이 정조은을 두둔하는 것은 예상된 당연한 시나리오다. 정조은이 망하면 그가 정명석과 관련된 자료를 풀며 자폭할 것이 자명하기 때문"이라고 설명했다.

김시온 기자의
'이인자를 향한 짝사랑' 취재기

JMS의 46년 역사 중에서 정명석은 절반에 가까운 20여 년 이상 자리를 비웠다.

정명석의 부재 기간은 1999년 국제 수배와 함께 본격화되었고, 중국 도피 생활과 홍콩 은신을 거쳐 2008년 중국 공안에 체포되기까지 약 9년간 이어졌다.

이후 10년 가까운 수감 생활이 더해지면서, 전체 활동 기간 중 절반 가까이를 망명과 감옥이라는 '두 개의 외부 공간'에서 보냈다.

이 기간 그는 해외 도피와 감옥 생활로 인해 조직의 직접적인 운영에서 멀어져 있었다. 그럼에도 불구하고 JMS라는 조직은 그의 지시에 따라 계속해서 운영되고 성장했다.

정명석의 부재에도 불구하고 JMS가 성장할 수 있었던 배경에는 두 인물의 공로가 지대했다.

한 명은 정명석의 장제인 정범석이며, 다른 한 명은 JMS 내에서 '천만인의 어미', '성령의 현신체', '성령의 상징체' 등으로 불렸던 정조은이다.

정명석은 정범석과 정조은을 각각 '육체적 발판'과 '영적 발판'이라고 불렀으며, 이중 영적 발판이 바로 정조은이다.

또한 JMS 내에서는 이들을 '두 감람나무'라고 부르기도 했다.

이 두 사람은 각자의 영역에서 정명석의 부재를 '시험'이자 '섭리의 연장'으로 포장했고, 신도들에게 "지도자의 고난은 공동체의 정당성을 증명하는 과정"이라는 서사를 주입했다.

그들에게 지도자의 고난은 단순한 시련이 아니라, 자신들이 '선택받았다'는 증표였다.

정범석은 정명석의 해외 도피 기간 JMS 내에서 실질적인 2인자로 군림했고, 정조은은 정명석이 수감 생활 중 JMS의 2인자로서 재정권과 인사권을 양손에 쥐고 조직을 이끌어 나갔다.

그들은 마치 부재한 왕을 대신해 왕국의 깃발을 붙들고 버텨낸 섭정(攝政)처럼, 공동체의 숨통을 유지하며 정명석의 신격을 유지했다.

특히 정명석 수감 이전의 시기를 '정명석의 JMS', 이후를 '정조은의 JMS'라 불렀다.

이 호칭은 단순한 별명이 아니었다. 교단의 권력 지형이 완전히 바뀌었음을 보여주는 또 하나의 상징이었다.

'성령의 상징체'
정조은이 이끈 '성령의 시대'

정명석이 수감 되기 전보다 수감 된 이후, 정조은이 주도권을 잡은 시기에 JMS는 더욱 빠르게 성장했다.

정조은은 뛰어난 조직 관리 능력과 강력한 카리스마를 발휘해 재정권과 인사권을 장악하며 조직을 체계적으로 재편했다. 조직 개편은 교회 재정 통합과 신도 교육 매뉴얼 개정, 핵심 지도부 재배치로 이어졌다. 그 결과 JMS는 외부의 어려움에도 불구하고 영향력을 확대해 나갔다.

이로써 정조은의 위상은 JMS 내에서 더욱 확고해졌고, 그녀의 리더십 아래 JMS는 새로운 전성기를 맞았다.

심지어 이 시기에 '성자의 시대는 지났고, 이제 성령의 시대'라는 말이 나오며, 정조은을 교주화하는 움직임도 포착되었다.

특히 정명석의 고령과 또다시 수감될 가능성이 제기되면서, 정조은이 JMS의 진정한 우두머리로 자리매김할 것이라는 전망이 점차 현실이 되어가는 분위기가 조성되었다. 신도들도 이를 묵인하거나 받아들이는 분위기였다.

이런 그녀가 갑자기 신도들 앞에서 정명석의 성범죄를 배신하는 듯한 행보를 보인 것은 참으로 아이러니한 일이다. 마치 왕위 계승을 앞둔 세자가 스스로 권력에 균열을 낸 것과도 같았다.

그녀는 '꼬리 자르기'도 아닌 '머리 자르기'를 시도했다. 왜 이런 무리수를 둔 것일까?

정조은이 이러한 선택을 한 배경에는 넷플릭스 다큐멘터리 <나는 신이다>의 방영이 영향을 끼쳤을 가능성이 크다.

해당 방송이 방영되자 JMS 내부는 걷잡을 수 없는 혼돈에 휩싸였다.

특히 정조은은 이 다큐에서 'J 언니'로 지목됐고, 그녀가 '채홍사' 역할을 맡았다는 구체적 증언이 언론을 통해 나오기 시작했다.

정조은은 자신이 더 이상 숨을 곳이 없다는 사실을 직감했을 것이다.

그 순간 그녀의 머릿속에는 지난 수십 년 간 자신이 쌓아온 돈과 권력이라는 성채가 무너지고, 자신이 아무런 보호막 없이 홀로 서 있는 모습을 떠올렸을 것이다.

하지만 끝까지 침묵하는 대가는 더 큰 파멸 일 것이라는 공포가 그 결정을 재촉했다.

그 결과 자신을 보호하기 위해 정명석을 배신하고, 그와 확실히 선을 긋고자 했던 것으로 보인다.

결국 그녀는 기꺼이 교단의 '머리'를 도려내는 극단적 선택으로, 스스로를 보호하려 했다.

그것만이 자신을 향한 수사의 칼끝을 무디게 하고, 또 다른 생존의 명분을 만들 수 있다고 판단했을 것이다.

그녀의 돌발적인 폭로성 발언은 JMS 내부에서 극심한 갈등을 불러왔다.

일부 간부들은 "교단의 뿌리를 흔드는 망언"이라며 비난했고, 다른 일부는 "이제라도 진실을 인정해야 한다"고 동조했다. 조직의 균열은 더 이상 감출 수 없는 현실이 되었다.

이러한 혼돈의 기점이 된 사건은 바로 2023년 3월 12일, 정조은이 주님의흰돌교회와 광명교회 지도자들을 불러 모아 처음으로 정명석의 성범죄를 일부 인정하는 발언을 했던 자리였다.

정조은의 '머리 자르기'

정조은 2023년 3월 12일 본인이 담임하는 분당 주님의흰돌교회와 광명교회 지도자 등을 소집한 뒤 정명석의 육사랑에 대해 인정했다.

이날 그녀는 지도자들 앞에서 이렇게 말했다.

"우리가 이 섭리사 안에서는 지금, 현재 육사랑을 주장하고 실제로 그 부분에 대해서 진행된 일이 있다고 인정해야 해요. 없을 것이다라고 판단하면 안 돼요. 있기 때문에 지금 또 구속되신 거니까요"

정조은의 말에 한 참석자는 피해자의 증언들이 어디까지 사실인지 물었다. 이에 정조은은 이렇게 답했다.

"저 그냥 솔직하게 얘기해요? 사실이나 확대 해석이 있을 거라고는 생각하지만, 어느 정도까지는 사실이에요. 지금 피해자 중에서는 섭리 나가지 않고 남아있는 이도 많아요. 모든 사례가 매우 동일하고 매우 일관적이며 그 수위는 사랑의 행위가 아닙니다."

정조은의 목소리는 담담했지만, 그 담담함 뒤에는 자신에게도 언제 닥칠지 모를 수사의 칼날에 대한 두려움이 서려 있었다. 그녀는 침착을 유지하려 애썼지만, 목구멍에 걸린 말들은 자신이 돌이킬 수 없는 선을 넘고 있음을 알게 했다.

교단의 '성령의 상징체'라는 권위가 한순간에 무너질 수 있다는 공포는, 그녀로 하여금 오히려 솔직해지는 편이 더 안전하다고 믿게 만들었을지도 모른다.

이같이 정조은의 정명석 성범죄 인정은 2023년 3월 20일 인터뷰에서도 이어졌다.

정조은은 이날 인터뷰에서 이렇게 말했다.

"선생님께서 그러셨다. 안 그러셨다고 말하기는 어렵지만, 그러셨을 수 있다는 생각도 듭니다. 만약 성 관련된 파문이 사실이라면 선생님께서 인정하고 돌이키셨으면 좋겠습니다"

정조은은 자신이 모든 것을 부인하거나 덮으려 하지 않았다는 점을 기록으로 남기려 했던 것처럼 보인다. 그것이야말로 이후 닥칠 법적·도덕적 책임에서 자신을 구별하는 마지막 안전판이었다.

심지어 정조은은 인터뷰에서 정명석이 메시아가 아니며, 그의 주변 사람들과 가족이 그를 메시아로 믿고 싶어 한다고 말하며 정명석의 메시아성을 부정하기도 했다.

"정명석 선생님은 메시아가 아닙니다. 현재 JMS는 선생님이 메시아라고 믿는 사람들과 믿지 않는 사람들의 싸움입니다. 다만 선생님의 가족들은 선생님이 메시아이기를 바랍니다."

이와 관련해 '정명석이 설교 시간에 스스로 자신이 메시아라고 하지 않았냐?'라고 묻자 정조은은 이렇게 답했다.

"그 순간 방언을 하듯 예수님이 선생님의 몸을 빌려 말씀하신다는 뜻이지 결코 선생님 자체가 메시아라는 것이 아닙니다. 선생님 개인의 삶과 정확히 분리해서 들어야 합니다."

"제가 만약 정말 선생님이 메시아라고 믿었다면, 이미 저는 다른 사람들처럼 멘탈이 무너졌을 것입니다. 하지만 저는 선생님은 좋은 스승일 뿐 메시아가 아니라고 생각하기 때문에 견딜 수 있는 것입니다."

사실상 이 발언은 JMS의 신학적 기둥을 무너뜨리는 폭탄선언이었다.

'선생님은 메시아가 아니다'라는 말은, 그동안 생계와 신앙을 걸고 믿어온 수만명의 신도들의 믿음의 근간을 한순간에 허물어뜨리는 발언이었다.

그날 이후 적지 않은 신도들이 자신이 정명석과 정조은을 믿고 따랐던 세월을 한탄하며 울었을 것이다. '구원의 역사'라 믿고 바쳐온 인생이 순식간에 허상이 되었기 때문이다.

누군가는 여전히 부정했고, 누군가는 마음 한구석에서 이미 오래전부터 느껴온 의문이 현실이 되었음을 깨달았다.

그리고 그 말을 내뱉은 건 정명석이 메시아이자 '시대의 사명자'라고 누구보다 열정적으로 외쳤던 JMS의 2인자 '성령의 상징체' 정조은이었다.

이날 정조은은 교단 수뇌부를 언급하기도 했다.

"이러한 문제는 선생님 개인만의 문제가 아닌 교단의 수뇌부들이 함께 책임을 지고, 감당해야 할 문제라고 생각합니다."

아울러 정명석을 메시아라고 믿으며 무조건 추종하는 신도들을 두고는 '광신도 적이다'라고 말하기도 했다.

"우리 교단의 교인들은 둘로 나뉩니다. 광신적인 부분이 제 눈에도 보입니다. 외부에서 그렇게 바라보는 것도 이해가 됩니다. 우리 스스로가 외부에서 바라봤을 때 이단성을 가진 부분을 자정작용을 통해 걷어내는 것이 맞는 것이라고 사료됩니다."

그녀는 오랫동안 그 믿음을 팔아 권력을 쌓았고, 결국엔 그 믿음을 버려야만 자신이 살아남을 수 있다는 사실을 누구보다 잘 알고 있었다.

정조은을 향한
정명석의 짝사랑?

앞서 언급했듯이 정조은은 여러 차례에 걸쳐 정명석을 배신하려는 모습을 보였다. 하지만 정명석은 정조은이 곤경에 처할 때마다 매번 편지를 보내 그녀를 옹호하고 지지하며 힘을 실어줬다.

정명석은 왜 이런 행동을 취한 것일까?

정조은에 대한 특별한 감정 때문이었을까?

아니면, '사랑이 많은 메시아'라는 이미지 때문이었을까?

정명석의 이러한 행동은 정조은을 위한 것이 아닌, 자신을 위한 행동이었다고 생각한다.

그는 그녀를 경계하면서도, 동시에 자신이 만들어낸 권력 구조에서 그녀를 배제하지 못했다. 그 모순이야말로, 정조은을 향한 그의 가장 불편한 애착이었다.

정명석의 최측근에서 오랜 시간 그를 지켜봤다고 주장하는 한 제보자는 이렇게 말했다.

"먼 과거에는 어땠을지 모르겠지만, 정명석이 10년의 옥살이 이후 출소하고 나서는 정명석이 정조은을 심히 불편하게 여겼습니다."

해당 제보자에 따르면 정명석은 정조은과 통화를 마친 뒤 휴대폰을 집어 던지거나 성을 내는 등 그녀와의 통화가 유쾌하지 않았다는 내색을 종종 내비쳤다고 했다.

그럼에도 그는 그녀를 완전히 떼어낼 수 없었다. 그녀는 자신이 만든 권력 구조의 일부이자, 동시에 그 치부를 누구보다 잘 아는 인물이었기 때문이다.

즉, 정명석과 정조은 사이의 균열은 이미 이전에 시작된 것으로 보인다.

하지만 정명석의 입장에서 정조은은 자신의 치부를 그 누구보다도 많이 알고 있는 존재이고, 그녀가 궁지에 몰려 자신의 약점을 드러내지 못하도록 힘써야만 하는 상황이었을 것이다.

실제로 정명석은 자신을 보필하는 비서들에게 정조은과 관련해 의미심장한 발언을 내뱉기도 했다.

정명석을 보필하는 비서는 여럿 있었는데, 이중 정모 씨와 주모 씨는 종종 정명석과 정조은에게 헌금 등 자금을 운반하는 역할을 해왔다.

이들은 일부 신도들로부터 계좌나 현금으로 돈을 받아 정명석과 정조은에게 전달한 것으로 파악된다.

이와 관련해 정명석은 비서들에게 이렇게 말한 것으로 전해졌다.

"너 이런 거 돈에 손대면 안 돼, 큰일 나. 조은이는 다 알아서 너네 시키는거야. 조은이는 나랑 중국에서 경험해봐서 다 알아."

그가 말한 '중국에서의 경험'이란, 해외 도피 시절부터 자금을 관리하고 여성들을 조직적으로 통제하며, 은밀한 교단 운영의 핵심을 함께 공유했던 공모 관계를 뜻하는 것으로 파악된다.

또 정조은이 JMS 내부에서 정명석에게 여신도를 연결하거나 바치는 채홍사 역할을 넘어서 자금의 흐름과 재정에도 관여했음을 유추할 수 있는 대목이다.

정조은의 리더십 붕괴와
JMS의 '권력 진공 상태'

정조은이 정명석의 그림자에서 벗어나 독자적 리더십을 구축하려던 시도는 곧 거센 역풍을 맞았다.

넷플릭스 다큐멘터리 <나는 신이다> 방영 이후, JMS 내부는 이전과 비교할 수 없는 혼돈에 빠졌다.

신도들은 하루아침에 자신들이 믿어온 구원의 역사가 세상의 조롱거리가 되는 광경을 지켜봐야 했고, 누군가는 "이제 모든 것이 끝났다"며 고개를 떨궜다.

이러한 와중에 정조은이 스스로 정명석의 메시아성을 부정하고 성범죄를 일부 인정하는 발언을 이어가자, 교단의 균열은 더 이상 감출 수 없는 현실로 떠올랐다.

특히 3월 12일과 20일, 그녀가 공개적으로 "정명석은 메시아가 아니다"라고 선언하고 "성범죄 의혹 중 일부는 사실일 수 있다"고 말한 것은 단순한 내부 고백에 머물지 않았다.

그 발언은 곧장 JMS 교리를 떠받치던 가장 중요한 기둥을 무너뜨리는 도화선이 되었다.

실제로 JMS의 신학은 정명석의 신격화, 즉 '메시아적 사명자' 교리를 중심축으로 삼아왔으며, 그 믿음은 신도들의 일상과 경제, 관계, 미래까지 지배해왔다.

따라서 이를 부정하는 순간, 교단의 정통성은 물론 신도들의 자기 정체성까지 근본적으로 흔들리게 된다.

혼돈은 즉각 조직적 반발로 번졌다. 곧바로 비상대책위원회가 결성됐고, 정조은에 대한 해임안이 발의됐다.

회의실에 모인 지도부는 "이제라도 선생님의 무죄를 주장해야 한다", "정조은이 외부 압박에 굴복했다", "정조은이 이 시대의 가롯 유다였다"라면서 그녀를 향해 비난을 퍼부었다.

JMS 신도 일부는 "조직 보호를 위해 즉시 정조은과 결별해야 한다"고 주장했고, 다른 일부는 "정조은 마저 사라지면 교회가 완전히 무너질 것"이라고 우려했다.

여론에 따라 "정조은이 하나님의 말씀 원본을 훼손했고, 청년부와 2세들에게 혼란을 초래했다"는 입장이 더 큰 힘을 얻었다.

그녀는 순식간에 '교단의 분열과 혼란의 주범'으로 지목됐다.

그동안 절대적 카리스마로 군림하던 '성령의 상징체'라는 호칭은 조롱으로 바뀌었고, "그녀도 결국 자기 이익을 위해 메시아를 배신했다"는 수군거림이 교단 안에서 쏟아졌다. 예배당 안에선 '역시 믿을 건 선생님뿐'이라는 수군거림이, 복도에선 '이제야 진실이 드러난다'는 한숨이 얽혔다.

이 과정에서 흰돌교회 예배조차 완전히 둘로 쪼개졌다.

한쪽에서는 여전히 정조은을 따르며 "이제라도 진실을 고백해야 한다"고 주장했고, 다른 한쪽에서는 비상대책위가 주도하는 정명서 수호 예배가 동시에 열렸다.

같은 교회를 다니던 신도들이 서로 눈길조차 주지 않은 채 등 돌리고 앉았다.

정조은을 향한 집단 반발은 단지 '발언'에 대한 분노만은 아니었다.

수년간 그녀가 독점해온 재정권과 인사권, 특정 계보 중심의 조직 재편에 대한 불만이 마침내 터져 나온 것이었다.

사실상 정조은은 정명석의 부재를 '자신의 시대'로 규정하며 권력의 토대를 다졌지만, 그 과정에서 형성된 반(反)조은 계파는 그녀의 말 한마디를 기다렸다는 듯 '정조은 제거'를 정당화했다.

그리고 이 권력 붕괴는 단지 한 사람의 몰락에 그치지 않았다.

오랜 세월 '정명석에서 정조은'으로 이어져온 카리스마적 지도자에 절대적으로 의존해온 JMS 신도들은, '메시아'도 '성령의 상징체'도 더 이상 믿지 못하는 상태로 내몰렸다.

그 결과 JMS는 지금 '영적 지도자 공백'이라는 전례 없는 진공 상태에 빠져 있다.

그 진공의 한가운데서, 신도들은 지난 수십 년 동안 스스로의 삶을 걸어온 신앙이 무엇이었는지, 누구를 위해 존재했는지, 끝내 묻지 않을 수 없게 되었다.

어떤 신도는 예배에 나오길 포기했고, 어떤 이들은 '내가 속은 게 아닐까' 하는 공포에 잠을 이루지 못했다.

결국 그들이 믿었던 것은 한 사람의 신이었을까, 아니면 신을 필요로 했던 허기의 자아였을까?

4장

추락하는 가짜 메시아

❖

이 책은 단지 한 사이비 종교 교주의

몰락을 기록한 것이 아니다.

❖

누군가를 신이라 부르고,

그의 입에서 나온 모든 말을 구원의 진리라 믿으며,

거짓을 위해 스스로 눈과 귀를 가린 사람들의 이야기다.

그리고 아직도 그 거짓의 교리가 남은 사람들을 지배하고 있다.

우리는 왜 그토록 쉽게 '구원'을 팔고 사는가?

그리고, 당신이 속한 공동체는 과연 예외인가?

이야기는 아직 끝나지 않았다.

JMS, 녹취록 조작 주장했는데
검사기관은 "정명석 무죄 증명 어렵다"

2023.06.26

기독교복음선교회(이하 JMS)가 정명석 교주의 성 비리 사건 피해자가 제출한 음성이 조작됐다는 검사 결과를 확보했다고 밝혔지만, 검사를 진행한 기관에서는 "피고인의 무죄를 증명할 수 없다"는 입장을 밝히면서 논란이 일고 있다.

26일 <투데이코리아> 취재를 종합하면, JMS 측은 그간 JTBC와 넷플릭스 다큐멘터리 '나는 신이다' 등을 통해 공개된 성 피해자의 음성에 대해 "공신력 있는 기관에 음성 검사를 의뢰한 결과 '편집 또는 음성조작을 했다는 것을 배제할 수 없다"며 "고소인의 녹취파일이 실제 상황인지 의문스럽다'고 판단했다"라고 주장해왔다.

또 JMS 대만 교단은 홈페이지를 통해 "기독교복음선교회가 음성식별 연구소 '와기'에 따르면 JTBC와 넷플릭스에서 공개된 정명석 육성 파일에 대해 감정을 맡긴 결과 음성이 변조됐다는 결과를 얻었다"라고 언급했다.

하지만 '와기' 측은 "이 검사는 재판에 어떤 도움도 주지 않으며, 피고인의 무죄를 증명할 수도 없다"라고 밝혔다.

그러면서 "JMS 측에 검사를 원본 파일로 진행해야 한다고 알렸으나, 원본 파일 입수가 불가능한 상황이라 JMS가 제공한 Netflix video Resample 형태의 자료로 검사를 진행했다"라고 설명했다.

특히 "우리는 비디오 제작 서비스를 제공하지 않으므로 음성 파일에 대한 모든 해설 비디오 영상은 우리 입장이 아니다"라며 "그리고 어음 식별과 파일에 대해서는 판정한 적 없다"라고 못박았다.

즉, JMS 측에서 성 피해자 음성과 관련해 근거로 들고 있는 해설 비디오는 와기 측에서 제공한 자료가 아니며, 어음 오류 역시 본인들과는 무관하다는 것이다.

이와 관련해 JMS 대만 교단 탈퇴자는 "법적인 효력도 없는 자료를 가지고 정명석이 무죄라는듯 사람들을 선동하는 모습을 보니 어처구니없다. JMS 회원들은 진실 유무를 떠나 교단이 말하는 대로 믿고 있다"라며 "세뇌와 가스라이팅을 멈추길 바란다"라고 지적했다.

'메이플 녹취 조작' 주장한 JMS 신도
"원본 들어보니 악의적 조작 無"

2025.06.09

"변호사 사무실에서 JMS 피해자의 녹취를 들었다. 원본을 들어보니 악의적 편집이 없었다는 것을 깨달았다"

9일 정명석 측 변호인이 기독교복음선교회(JMS) 정씨의 성범죄 피해 녹음파일을 유출한 혐의로 불구속 기소된 가운데, 피해자의 녹취가 정명석을 곤경에 빠뜨리기 위해 악의적으로 조작·편집됐다고 주장해온 신도A씨가 <투데이코리아>에 이같이 밝혔다.

A씨는 "그동안 '나는 신이다'에 공개된 메이플씨 녹취가 악의적으로 편집·조작됐다고 주장해왔다"며 "이런 주장을 해오던 중 JMS 재판 관계자의 요청으로 어떤 부분이 문제인지 확인하기 위해 변호사 사무실에서 원본을 들었다"고 말했다.

이어 "원본을 처음부터 끝까지 들어보니 내가 그동안 했던 주장과 달리 악의적 조작이나 편집이 아니라는 사실을 깨닫고 너무 죄송했다"고 털어놨다.

또한 "일반 신도의 입장에서 파일을 들으러 간 것에 대해서도 잘못됐다고 생각하며, 원본 파일을 제대로 듣지도 않고 조작이라고 주장해 메이플씨와 김도형 교수님, 조성현 PD님 등 관계자들에게 큰 심려를 끼친 점에 진심으로 죄송하다"고 덧붙였다

한편, 대전지방검찰청은 지난달 30일 JMS 총재 정명석의 성범죄 피해 현장 녹음파일을 외부로 유출한 혐의로 변호사 B씨를 업무상비밀누설 등 혐의로 불구속 기소했다.

B씨는 정씨의 항소심 과정에서 법원으로부터 등사 받은 피해자 녹음파일을 지난해 5월 일반 신도들에게 유출한 혐의를 받고 있다.

해당 파일은 B씨가 당시 재판 과정에서 "절대로 유출되지 않도록 하겠다"며 등사를 요청했던 자료였다.

검찰은 지난해부터 B씨에 대한 조사를 진행해왔으며, 추가적인 유출이나 피해 사실에 대해서도 수사를 계속할 방침이다.

JMS, 'MBC 실화탐사대' 상대로 제기한 소송서 최종 패소

2023.08.13

기독교복음선교회(이하 JMS)가 지난 2019년 방영된 MBC 실화탐사대를 상대로 제기한 소송에서 패소했다.

13일 <투데이코리아> 취재를 종합하면, JMS는 지난 2019년 3월 27일 MBC 실화탐사대 'I'm 팩트 내 딸을 돌려주세요!' 편을 상대로 손해배상 및 방송 삭제 등을 요구했지만 끝내 패소한 것으로 확인됐다.

앞서 JMS 등기상 대표 양승남과 교주 정명석 등 핵심 관계자 14명은 MBC 실화탐사대 'I'm 팩트 내 딸을 돌려주세요!' 편을 상대로 손해배상 및 방송 삭제 등을 요구하는 소를 제기한 바 있다.

이후 서울중앙지방법원 민사 제14부는 지난 2020년 11월 25일 "본 방송으로 인하여 장로 개개인의 사회적 평가가 침해될 가능성이 있다고 보기 어렵다"라며 JMS 측의 청구를 모두 기각했다.

당시 재판부는 "원고 정명석이 여신도들을 성추행하고 원고 선교회 내부에서 이를 방조하거나 묵인한 사람이 존재하는 것으로 보이는 점, 제보자 가족 간 갈등의 근본 원인이 남매가 원고 선교회에 신도가 된 것인 점 등을 근거로 사건 방송의 진실성을 인정한다"라고 설명했다.

이어 "방송에서 적시한 사실이 허위라고 볼 수 없고 그 내용이 공익에 관한 사항인 바, 원고들의 인격권 침해보다 언론 자유가 우선"이라고 판시했다.

하지만 JMS 측은 해당 판결에 불복해 지난 2020년 12월 24일 고등법원에 항소했다.

그렇지만 본지 취재 결과 2023년 7월 14일 항소 기각 판결이 나왔고, JMS 측이 대법원 상고를 진행하지 않아 이달 5일 패소가 확정됐다.

'나는 신이다' 조성현 PD
"검찰 불기소 결정 다행, 경찰에 큰 유감"

2025.03.27

넷플릭스 다큐멘터리 '나는 신이다'의 조성현 PD가 검찰로부터 성폭력처벌법 위반 혐의에 대해 불기소 처분을 받은 데 대해 "다행스럽다"는 입장을 밝혔다.

27일 <투데이코리아> 취재에 따르면, 조 PD는 JMS 탈퇴자와 피해자들이 모인 네이버 '가나안 카페'에 '불기소 처분을 받은 조성현 피디입니다'라는 제목의 글을 올리고 "작년 8월 14일 마포경찰서가 성폭력처벌법 위반 혐의로 사건을 검찰에 송치한 뒤 7개월 반 만인 오늘 불기소 결정을 전해 들었다"고 전했다.

그는 "경찰이 문제 삼은 일명 '보고자 동영상' 공개는 과거에도 JMS 측으로부터 지속적인 공격을 받았지만 모두 무혐의 또는 불기소 처분된 사안이었다"며 "선례를 무시한 마포경찰서에 대해 매우 큰 유감을 표한다"고 말했다.

이어 "JMS에서 사랑하는 형제자매들을 탈퇴시키기 위해 동영상을 공유했다는 이유만으로 경찰에 의해 범죄자로 몰려 송치되는 사례가 이어지고 있다"며 "경찰들이 왜 그런 결정을 내렸는지 이유는 전혀 궁금하지 않다. 시즌2를 준비하며 이미 충분히 파악했기 때문"이라고 비판했다.

조 PD는 이번 검찰의 불기소 결정으로 세 가지 사실이 명백해졌다고 강조했다.

그는 "JMS가 '김도형 교수가 정명석 총재를 음해하려고 고용한 AV(성인비디오) 배우'라고 주장한 사람들이 실제로는 JMS 교역자와 신도였다는 사실과, 이를 제작한 주체가 JMS였다는 사실, 그리고 정명석 총재가 성범죄로 감옥에서 앞으로도 계속 수감될 것이라는 사실이 명백히 드러났다"고 주장했다.

조 PD는 JMS에 남아있는 신도들을 향해서도 "지금이라도 교단을 떠나길 권한다"며 "교단은 변호사비로 돈을 낭비하지 말고 차라리 2세들의 장학금으로 사용하라"고 꼬집었다.

그러면서 "아빠가 감옥에 갈까 봐 걱정하던 아들에게 '아빠 감옥 안 가'라고 말할 수 있게 돼 정말 다행"이라며 안도감을 보였다.

넷플릭스 다큐 '나는 신이다' 조성현 PD, JMS 상대 불기소 결정서 공개

2025.04.02

넷플릭스 다큐멘터리 '나는 신이다'를 제작한 조성현 PD가 기독교복음선교회(이하 JMS) 측으로부터 제기된 성폭력처벌법 위반 고발 사건의 불기소 결정서를 공개했다.

조 PD는 2일 JMS 탈퇴자 커뮤니티인 네이버 가나안 카페에 "당사자로서 제 불기소 결정서를 공유한다"며 "무분별한 고소·고발로 고생하는 분들이 이 자료를 적극적으로 활용하기를 바란다"고 밝혔다.

조 PD는 결정서 공유 목적에 대해 "공익적 영상을 공개한 사람들에게 추가적인 고소·고발이 무의미하다는 점을 JMS 측에 알리려는 취지"라고 설명했다.

특히 그는 "결정서에 JMS 측이 문제의 동영상에 등장한 촬영 대상자들이 '신도'임을 인정한 부분이 흥미로웠다"며 "그동안 JMS

교단이 신도들에게 촬영 대상자를 어떻게 설명해왔는지 돌아보라"고 지적했다.

이어 "해당 영상 제작자와 유포자를 고발해야만 진정성을 인정받을 수 있다"며 "여자 손 한 번 잡은 적 없다고 주장하는 정명석 씨를 위해 정말 이 동영상이 제작되고 전달된 것인지 의문을 제기한다"고 밝혔다.

이날 조 PD는 JMS 신도들을 향해 "불기소 결정서에 명시된 사실만 읽어봐도 현재 어떤 행동을 해야 하는지 쉽게 판단할 수 있을 것"이라고 강조했다.

한편, JMS 측은 넷플릭스 다큐멘터리 '나는 신이다'에서 공개된 이른바 '보고자 영상'과 관련해 지속적인 법적 대응을 펼치고 있다.

이 중에는 'JMS 2세'도 고소·고발 대상으로 포함됐다.

JMS에서 나고 자란 신도 오씨는 가장 친했던 친구에게 "영상도 있는데. 나중에 그것도 꼭 봐라. 더 충격이다"라고 말했고, 합성이 아니냐면서 영상을 보내달라는 친구의 요청에 영상을 전송했다.

이후 오씨는 JMS 신도 5명에게 고소당했다. 이들은 모두 JMS 간부로 확인됐다.

이를 두고 반(反) JMS 활동가 김도형 교수는 "성 착취에 대한 증거물로 더 이상 그런 사이비 집단에 있지 않도록 지인을 빼내기 위해서 보여주는 건데 이걸 범죄라고 보는 건 너무 심하지 않은가 싶었다"고 말했다.

JMS 정명석 징역 17년 확정…
교인협의회 "선생님 위해 목숨 다할 것"

2025.01.09

여신도들을 성폭행 및 강제 추행한 혐의를 받는 기독교복음선교회(이하 JMS) 정명석 씨가 징역 17년을 확정받았다.

9일 대법원 2부(주심 오경미 대법관)는 준강간·준유사강간·강제추행 등 혐의로 기소된 정씨에게 이같이 선고한 원심판결을 확정했다.

또 15년간 위치추적 전자장치(전자발찌) 부착과 10년간 아동·청소년 관련 기관과 장애인 복지시설 취업 제한 등도 확정했다.

대법원은 "유죄 판단에 증거의 증거능력, 준강간죄, 무고죄 등의 성립에 관한 법리 등을 오해해 판결에 영향을 미친 잘못이 없다"라고 판시했다.

앞서 1심 재판부는 정씨에게 징역 23년을 선고했지만, 2심 재판부는 양형위원회의 권고형 상한을 넘겨 부당하다며 징역 17년으로 감형했다.

대법원은 원심 판단이 옳다고 판단해 상고를 기각했다.

다만, 정 씨에게 다수의 추가 고소가 들어가 있다는 점에서 형량이 늘어날 것이란 관측이 나온다.

현재 정 씨는 이번 사건과 별도로 또 다른 여신도들을 성폭행·성추행한 혐의로 추가 기소돼 대전지법에서 1심 재판을 받고 있다.

한편, JMS 교인협의회 측은 이날 입장문을 통해 대법원 판결에 대해 강하게 반발했다.

협의회는 "정명석 목사님과 선교회를 향한 거듭된 '종교재판'에 강력히 항의한다"라면서 "지난 46년간 정명석목사님과 선교회에서 외쳐온 말씀은 개인의 자유와 생명을 존중하며, 기성 기독교의 문자주의 신앙에서 탈피하고, 하나님이 축복하신 완전한 영적 사랑의 도를 가르쳤다. 그럼에도 검찰은 이 모든 말씀을 마치 범죄를 정당화하는 교리인양 왜곡 해석했다"라고 주장했다.

이어 정명석을 위해 목숨을 다할 것이라고 밝혔다.

협의회 측은 "우리는 정명석 목사의 진실한 삶을 목숨다해 외치며, 정명석 목사님과 선교회의 명예 회복을 위해 최선을 다할 것"이라고 했다.

그러면서 "지난 2008년 재판의 상처가 미처 가시지 않은 때, 정명석 목사님을 또 다시 차디찬 곳에 보내야 하는 현실은 너무나 큰 아픔이며, 천추의 한이다. 정명석 목사님의 진실과, 그가 지켜온 영영한 진리의 말씀을 우리는 땅끝까지 외칠 것"이라고 강조했다.

이를 두고 복수의 JMS 탈퇴자들은 우려를 표했다.

탈퇴자들은 "이번 입장문 발표에서 '목숨을 건다'라는 등의 과격한 표현이 나온 것에 대해서 우려된다"라면서 "김도형 교수님의 아버님이 테러당하시기 직전에도 '가라지는 불태워야 한다'라는 등 과격한 내용의 설교가 나온 바 있다"라고 말했다.

김시온 기자의
'추락하는 가짜 메시아' 취재기

정명석은 결국 또다시 유죄 판결을 받았다.

대법원은 징역 17년 형을 선고했고, 그의 이름 앞에는 '성범죄자'라는 낙인이 다시 한번 새겨졌다.

법정은 JMS 신도들이 부르짖던 '정명석의 무고함'을 끝내 인정하지 않았다.

그들이 줄곧 내세워온 '녹취록 조작' 주장은, 최초에 의혹을 제기했던 당사자가 스스로 말을 번복하면서 힘을 잃었고, 공허한 구호로 사라져 갔다.

〈실화탐사대〉와 〈나는 신이다〉 등 언론과 방송을 향한 고소와 소송도 결국 패소로 귀결됐다.

진실을 덮으려 했으나, 오히려 교단이 무엇을 감추려 했는지를 적나라하게 드러냈다.

그런데 이상한 일이었다. 17년형이 확정된 순간에도, 모든 논리와 근거가 무너진 뒤에도, 여전히 그를 신이라 부르는 이들이 남아 있었다.

그들은 그날, 종교적 광신이 끝내 부서지지 않는 마지막 금단의 벽처럼, 스스로의 영혼을 바쳐 가짜 메시아의 무덤 위에 절망적인 충성을 바치고 있었다.

이 책을 읽는 당신에게 묻고 싶다.

한 사람의 추락은 어떻게 그토록 많은 사람의 삶을 함께 무너뜨릴 수 있었을까?

그리고 그 폐허 위에 남은 것은 과연 무엇이었을까?

'조작'이라는 믿음의 붕괴, 드러난 진실

JMS 내부에서는 피해자의 녹취가 조작됐다고 주장해왔다.

교단은 여러 차례 공지를 통해 "피해자 음성이 변조됐다", "정명석을 모함하기 위한 음해다"라고 단언했다.

대만 JMS 공식 홈페이지에는 음성 감정 결과라며 화려한 문서들이 올라왔고, 신도들은 그것을 서로 돌려보며 "역시 선생님은 억울하다"고 되뇌었다.

누군가는 그 문서를 캡처해 단체방에 공유했고, 누군가는 주변 사람들에게 "과학적 증거가 나왔다"며 서로를 위로했다.

그들에게 그것은 스스로의 신앙을 지탱해주는 기둥이었다.

그러나 그 '과학적 증명'이라는 기둥조차, 끝내 정명석을 보호해주지 못했다.

녹취를 감정했다는 기관은 이렇게 밝혔다.

"이 자료로는 무죄를 증명할 수 없고, JMS의 주장은 우리의 입장이 아닙니다."

조작이라고 확신하던 믿음이 허공에 부서지는 순간이었다.

결국 JMS가 내건 증거는, 실체가 불분명한 편집본을 바탕으로 만든 해설 비디오에 불과했다.

교단은 그 이후에도 '조작'이라는 단어를 끝까지 붙잡으며 신도들을 결속시키려 했다.

하지만 그 믿음조차 내부에서 서서히 금이 가기 시작했다.

녹취가 조작됐다고 처음 주장했던 한 신도. 그는 오랜 시간 '정명석은 억울하다'는 말을 의심 없이 되풀이해온 사람이었다.

재판 과정에서 그는 정명석 측 변호인 측을 통해 원본 녹취를 듣게 되었다.

숨죽이며 처음부터 끝까지 이어진 녹음을 듣는 동안, 그의 손은 떨렸다.

녹음이 끝났을 때, 그는 고개를 숙인 채 한참을 움직이지 못했다고 한다. 그리고 홀로 조용히 입을 뗐다.

"내가 그동안 믿어온 것이, 사실이 아니었구나."

그가 내게 남긴 마지막 한마디는 지금도 귀에 맴돈다.

"그제야 알았습니다. 녹취에는 악의적인 조작이 없었습니다. 피해자에게 너무나 미안했습니다."

패소로 무너진 '피해자 서사'

녹취 조작 주장 이전에도 JMS는 정명석을 지키기 위해 여러 방법을 시도해 왔다.

그중 하나가 '소송'이었다.

정명석이 교도소에서 출소한 직후인 2019년, <실화탐사대>에서 '내 딸을 돌려주세요'라는 방송이 방영되자, JMS는 곧바로 대응에 나섰다.

교단 내부에서는 "언론이 거짓을 퍼뜨렸다", "방송이 가정을 파탄냈다"는 공지가 이어졌다.

그 시절을 되뇌이며 탈퇴자들은 이렇게 말했다.

"JMS 교단 안에서는 '거짓 보도로 선교회가 모함당했다'라며 강경 대응에 나서겠다고 했고, 그런 모습에 신도들은 정말 거짓 보도라고 생각하고 속아 넘어갔습니다."

그 믿음은 오랫동안 JMS 신도들의 신앙심을 지탱했다.

방송이 허위라면, 결국 자신들이 옳았고, 정명석은 억울하며, JMS 구원의 역사는 사실이라는 결론에 도달할 수 있었기 때문이다.

하지만 1심 재판부는 이렇게 판시했다.

"여신도들을 성추행하고, 내부에서 이를 방조하거나 묵인한 사람이 있었다."

방송이 다룬 내용은 허위가 아니었고, 오히려 공익적 문제를 드러낸 사실에 가까웠다는 판단이었다.

그 판결은 JMS가 붙든 '정명석과 JMS는 피해자'라는 서사에 균열을 냈다.

그 후로도 교단은 항소했고, 끝내 상고를 포기하기까지 긴 시간이 흘렀다.

하지만 결론은 변하지 않았다. 2023년 7월 14일 방송이 틀리지 않았다는 사실이 법원에서 최종적으로 인정됐다.

끝내 빗나가버린 마지막 한 발

조작이 아니라면, 조작도 아니었다면, JMS는 무엇을 더 주장할 수 있었을까?

JMS는 넷플릭스를 통해 <나는 신이다>가 방영되자 이를 제작한 MBC의 조성현 PD를 겨냥했다.

<나는 신이다>에 드러난 피해자 증언과 기록, 영상은 교단이 가장 두려워하던 것이었다.

그렇기에 JMS는 신도들의 눈과 귀를 가리고 이렇게 주장했다.

"이건 음란물을 퍼뜨린 범죄다."

"선교회를 음해하기 위한 조작극이다."

이 말은 JMS 안에서 빠르게 퍼졌다. 이를 맹신하는 사람들은 서로에게 "곧 무죄가 밝혀질 것이며, 자극적인 거짓 방송을 만들어낸 조성현 PD는 벌을 받을 것"이라고 말했다.

그 믿음이야말로, 재판보다 더 단단한 굴레였다. 그러나 수사 끝에 검찰은 이렇게 결론 내렸다.

"범죄의 고의가 없으며, 공익적 목적이 있었다."

교단이 붙잡아온 마지막 희망이 그 순간 무의미한 것으로 변해버렸다.

조성현 PD는 불기소 결정서를 공개하면서 말했다.

"이 문서를 쓰십시오. 무분별한 고소·고발은 이제 멈춰야 합니다."

신도들이 그토록 부정하려 했던 현실이, 또 한 번 공식 기록으로 돌아온 것이다.

그리고 결정서의 몇 줄이 무엇보다 뼈아팠다.

"문제의 동영상에 등장한 촬영 대상자가 JMS 신도임을 JMS 측도 인정한다."

그동안 JMS 측은 "안티 JMS가 AV 배우를 고용해 조작했다"고 외쳤으나, JMS 신도임이 다시 한번 명명백백 드러났다.

그러나 이후에도 JMS는 또 다른 방어 논리를 만들어내 정명석을 지키고자 시도했다.

영상에 나온 이들이 JMS 신도는 맞으나, 교단이나 정명석이 시켜서 영상을 찍은 것이 아니라 개인의 자발적인 행위였다는 것이다.

하지만 이러한 그들의 논리가 깨지는 데에도 오랜 시간이 걸리지 않았다.

해당 영상에 등장했던 한 탈퇴자의 용기있는 증언 덕분이었다.

"당시 만 19세였던 저는 JMS에서 수료한 지 얼마 지나지 않아 교단의 지도자급 되는 이들로 인해 영상을 찍게 됐습니다."

JMS의 방어 논리가 다시 한번 무너져 내리는 순간이었다.

가짜 메시아의 추락

2025년 1월 9일 오후, 재판부는 짧은 판결문을 낭독했다.

17년형. 전자발찌 15년. 아동·청소년 기관 취업제한 10년.

치열했던 지난 수년간의 싸움이 무색하게도 재판은 짧고도 간결했다.

'가짜 메시아'가 다시 오랜 시간을 철창 속에서 지내야 한다는 최종 확정이 나왔다. 추가로 고소된 건 등과 기타 여죄 등을 고려한다면 정명석이 살아생전에 감옥 밖으로 나온다는 것이 불가능한 일일 것이다.

1심 재판부는 "피해자 진술은 구체적이고 일관돼 신빙성이 있다"고 판단했고, 2심은 "종교적 위세를 이용한 반복적, 계획적 범죄"라고 했다.

3심인 대법원도 "유죄 판단에 증거능력의 문제나 법리 오해가 없다"며 모든 주장을 기각했다.

신도들이 그토록 반복해온 "녹취가 조작됐다", "성관계는 거룩한 교리였다"는 변명은 더 이상 법정에서 받아들여지지 않았다.

그러나 판결 직후, JMS 교인협의회 명의로 배포된 입장문은 놀랍도록 비장했다.

"정명석 목사님의 진실한 삶을 위해 목숨을 다하겠다."

"이것은 종교재판이며, 기성 기독교의 음모다."

"영영한 진리의 말씀을 우리는 땅끝까지 외칠 것이다."

JMS는 신도들에게 남아있는 합리적 의심조차 '배교'로 몰아붙였고, 2008년 첫 수감과 재판 당시에도 같은 레퍼토리가 반복됐다.

재판은 끝났고, 정명석은 다시 한번 악독한 성범죄자라는 사실이 드러났지만, 그를 향한 신격화는 지금도 계속되고 있다.

법정에서 구속된 것은 한 사람의 신체였지만, 그가 심어놓은 신격화의 씨앗은 여전히 자라고 있었다.

누군가는 여전히 말했다.

"그분은 하나님이 보내신 분이다."

탈퇴자들은 이 장면을 지켜보며 오래된 공포를 떠올렸다.

김도형 교수의 부친이 테러를 당하기 직전, 교회 안에서 "이단을 불태우라"는 설교가 흘러나오던 기억. 그리고 이제, 같은 문장이 다시 등장했다.

"목숨을 다하겠다."

재판은 끝났고, 죄는 확정됐다. 그러나 그를 신이라 부르는 목소리는 지금도 멈추지 않는다.

어쩌면 이 이야기는 여기서 끝나지 않을 것이다.

"그들은 왜 신에 빠졌는가?"

나는 이 질문에 아직 답할 수 없다.

그리고 그 답을 찾는 일은, 이 기록의 마지막 과제가 될 것이다.

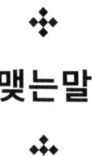

맺는말

정명석은 결국 또다시 법의 심판을 받았다.

법정은 그에게 징역 17년을 선고했고, '거룩한 가르침'이라 포장된 성착취의 실체를 공식적으로 드러냈다.

그러나 판결문이 낭독된 그날, 담장 바깥에서는 여전히 그의 무죄를 믿으며 오열하는 사람들이 있었다.

누군가는 "이것은 종교재판"이라 외쳤고, 누군가는 "목숨을 다해 그분을 지키겠다"고 맹세했다.

신앙이라는 말로는 설명되지 않는 집단적 광신의 풍경이었다.

그 믿음 때문에 누군가는 구원을 느꼈다고 말했고, 또 다른 누군가는 모든 것을 잃었다고 고백했다.

정명석은 스스로를 메시아라 불렀지만, 결코 혼자서는 신이 될 수 없었다.

그를 신으로 만든 것은 그의 곁에서 권력을 누린 측근들이었고, 허위와 침묵에 기댄 조직이었으며, 무엇보다도 의심 대신 복종을 선택한 수많은 평범한 사람들이었다.

이 기록은 한 사람의 추락에 대한 이야기가 아니다. 그 추락을 가능하게 한 시스템에 대한 기록이다.

그리고 그 시스템은 결코 종교라는 이름에만 머물러 있지 않았다.

사이비는 늘 '종교 문제'로 축소되어왔지만, 실상은 더 거대한 사회적 문제였다.

그들은 법과 언론, 수사기관, 공권력의 빈틈을 이용했고, 공동체가 외면한 고립과 불안을 파고들었다.

우리 사회가 방치한 그 허약한 틈에서, 또 하나의 '가짜 메시아'가 만들어졌다.

그러나 나는 이 기록의 끝에서 한 가지를 더 말해야 할 것 같다.

사이비의 몰락이 곧 해방이 되는 것은 아니다.

교주가 구속되고, 조직이 흔들리고, 교리가 무너져도, 피해자와 탈퇴자들은 여전히 그 자리에서 무너져 있다.

그들은 오늘도 지난 믿음의 폐허 위에서 고통받고 있다.

자신이 바쳐온 시간과 관계, 미래를 스스로 부정해야 하는 긴 싸움을 견디고 있다.

결국 이 기록이 향해야 할 가장 중요한 질문은 이것일 것이다.

우리는 어떻게 해야 그들이 다시 일어설 수 있도록 도울 것인가.

사이비 종교의 몰락보다 더 중요한 것은, 그곳을 떠난 이들이 두려움과 죄책감을 벗고 스스로를 구해낼 수 있도록 손을 내미는 일이다.

JMS

❖

주요 인물

정명석

기독교복음선교회(JMS)의 창립자이자 교주. 1945년 충남 금산에서 태어났으며, 1980년대부터 '메시아적 사명자'를 자처하며 독자적 교리를 전파했다. 1999년 성범죄 혐의로 국제 수배된 뒤 중국과 홍콩 등지로 도피했고, 2008년 중국 공안에 체포돼 국내 송환 후 징역 10년을 복역했다. 출소 후에도 여신도 성폭행 등으로 재차 기소돼 2025년 대법원에서 징역 17년이 확정됐다. JMS 내부에서는 '선생님' 또는 '시대의 사명자'로 추앙받으며, 신격화된 존재로 숭배돼 왔다.

정조은 / 김지선

JMS에서 '성령의 상징체'로 불리며 교단 내 2인자로 군림해온 인물. 정명석의 성범죄 재판과 수감 기간 동안 재정과 인사를 장악하며 조직을 이끌었으며, 출소 이후에도 핵심 권력을 유지했다. 2023년 넷플릭스 다큐멘터리 방영 이후 일부 성범죄 사실을 시사하는 발언으로 교단 내부 분열을 촉발했다.

정범석

정명석의 친동생으로 JMS 내에서 '육적 발판'이라 불리며, 교단 운영과 대외 업무를 담당해온 인물. 정명석의 해외 도피 시절부터 교단 재정과 조직 관리에 깊이 관여했으며, 출소 이후에도 여론 대응 및 핵심 자금 관리에 중추적 역할을 맡았다.

정용석

기독교복음선교회(JMS)에서 활동한 인물로, 정명석의 친동생중 한 명이다. 공식 교단 운영에는 전면적으로 나서지 않았으나, 정명석 재구속 이후 조금씩 움직임을 보이고 있다.

양승남

한동안 JMS의 등기상 대표를 역임한 정명석의 오랜 측근 변호사. 2000년대부터 교단 법무 전반을 총괄하며 성범죄 재판과 각종 민형사 소송을 담당해왔다.

김진수

JMS(기독교복음선교회) 내부에서 정명석의 변호를 전담한 법률팀 핵심 인물로, 양승남 변호사와 함께 JMS 재판 실무를 담당했다. 교단의 각종 소송과 증거 분석, 방어 전략을 기획·집행하며 정명석의 '법적 방패막이' 역할을 해온 것으로 알려져 있다.

최철환

대외협력국장이자 목회자로, 교단의 대언론 대응과 신도 통제, 탈퇴자·언론인·이단사역자 모니터링 등을 총괄해온 인물이다. '섭리국방부'라고도 불린 대외협력국을 지휘하며 JMS의 방어 논리를 대내외에 전파하는 핵심 역할을 맡았다. 특히 피해자들을 협박하거나 위협하는 역할을 전담했으며, 넷플릭스 다큐멘터리 〈나는 신이다〉 방영 전후 양승남, 김진수 등과 함께 피해자 증언 반박과 선제 대응 시나리오를 논의한 것으로 알려졌다. 내부 증언에 따르면, 조직적 고소·고발과 심리적 압박을 기획·지시하며 JMS의 여론 방어와 피해자 음해 전략에 깊이 관여했다는 의혹이 제기됐다.

JMS

용어 사전

월명동 자연성전

충남 금산군에 위치한 JMS의 본부이자 성지로 불리는 대규모 수련 시설. 정명석이 "창조주의 뜻에 따라 조성된 성지"라고 주장하며 신격화의 상징으로 삼았으며, '하나님의 역사'라는 명분 아래 신도들의 헌금과 노동력으로 건설됐다. JMS의 핵심 교리와 권위가 집중되는 공간으로, 정명석의 성범죄 상당수가 이곳에서 발생한 것으로 알려져 있다.

월명수

JMS에서 신도들 사이에서 '성수(聖水)'처럼 여겨지는 물. 충남 금산군 월명동 자연성전 부지 내 지하수로, 정명석이 "질병이 치유되고 영적 축복이 임하는 물"이라고 주장하며 신격화의 도구로 삼았다. 신도들은 이 물을 마시거나 몸에 바르면 구원의 역사가 일어난다고 믿었다.

시대의 십자가

JMS(기독교복음선교회)가 사용하는 '시대의 십자가'란, 예수가 지고 간 '육적인 십자가'와 달리, '현시대의 구원 사명을 위임받은 사명자(즉, 정명석)가 짊어진 고난과 박해'를 의미한다. JMS 교리는 '모든 진정한 메시아적 사명자는 시대마다 십자가를 지고 핍박을 받는다'고 주장하며, 정명석의 성범죄나 재판, 수감 등을 '시대의 십자가'로 해석해 신도들에게 숭고한 사명의 증거라고 가르쳐 왔다.
천기 / 육사랑 / 내적섭리 :
정명석 구속 이후 정조은이 2023년 3월 12일 주님의흰돌교회 지도자 모임에서 정명석의 성범죄를 완전히 부인하지 못하고 돌려서 인정하는 듯한 뉘앙스로 사용한 표현.

황금성

교리상 신도들이 궁극적으로 도달해야 할 최고의 천국을 뜻한다. JMS의 교리에 따르면 천국은 여러 단계(ex 100선, 200선, 300선 등)로 구분되며, 이 단계들을 통과해야만 '황금성'에 들어갈 수 있다고 주장한다. '황금성'은 오직 이 시대에 JMS에 속한 신도만이 도달할 수 있는 구원의 결실로 설명되며, 이를 위해 철저한 헌신과 지속적인 기도, 교리 실천이 요구된다. JMS 내부에서는 이곳이 최종적 영적 완성을 이루는 장소로 강조된다.

만물계시

JMS에서 말하는 '만물계시'(萬物啓示)란, 자연계나 사물, 일상에서 신이 인간에게 계시(계몽)를 준다고 주장하는 개념이다. 즉, 자연에 내재한 모든 사물은 하나님의 메시지를 담고 있으며 이를 깨닫는 '영적 안목'을 통해 신의 뜻을 이해할 수 있다고 한다. 정명석은 이를 JMS 교리에서 중요한 '영적 통찰'의 방법으로 삼았다.

인천사

정명석이 수감 중 자신에게 우호적이었던 교도관을 가리켜 신도들에게 "하나님이 나에게 보내준 인간 천사"라며 '인천사(人天使)'라고 부른 인물. JMS 내부에서는 이 표현이 신도들 사이에서 마치 신적 조력자가 존재한다는 신앙적 확신을 심어주는 데 활용되었다.

강모 경감 / 주수호

정명석(기독교복음선교회, JMS 총재)에게 조력한 경찰관으로, 본명은 알려지지 않았으며 '주수호'는 정명석이 "주를 수호한다"는 뜻으로 붙여준 이름이다. 현직 경감으로 서초경찰서에서 팀장급으로 근무했으며, JMS 내부 '사사부' 소속으로 정명석의 법적 리스크를 관리하고 증거 인멸 대응 등을 논의한 혐의를 받았다. JMS 합동결혼식에 참여해 온 가족이 JMS 신도로 알려졌으며, 조직 내에서는 정명석의 친위대 역할을 했다는 평가가 있다. 이 사건으로 서울경찰청이 수사에 착수했다.

개우지

JMS(기독교복음선교회) 내부에 운영된 디지털 여론 대응 조직으로, JMS 비판 콘텐츠의 노출을 차단하고 여론을 조작하는 역할을 수행했다. 이들은 포털사이트 검색어 왜곡, 댓글 도배, 게시물 신고, 매크로 프로그램을 통한 클릭 조작 등 체계적인 '디지털 검열·선전' 활동을 벌였다.

KTX 작전

JMS 내부 디지털 여론 조작 활동 중 핵심 전략으로, 비판적 보도나 피해자 증언이 포털사이트에 급상승하거나 검색어 상위에 오를 때 즉시 실행되던 조직적 방어 작전이다. 'KTX 작전'이라는 명칭은 고속열차처럼 신속하고 대규모로 대응한다는 뜻에서 붙여졌다. JMS 신도 수십~수백 명이 일시에 동원되어 특정 검색어를 반복 클릭하거나 무관한 연예·스포츠 기사를 클릭해 실시간 검색 순위를 교란했다. 동시에 게시물 신고, 댓글 도배, 키워드 조작 등을 통해 부정적 콘텐츠를 하단으로 밀어내고 교단 홍보 자료를 상위에 노출시키는 방식으로 운영됐다.

대외협력국 / 섭리국방부

JMS 교단 내 조직으로, 탈퇴자 및 이단 사역자, 언론인 등을 감시하고 활동을 방해하며, 특정 인물에 대한 동향 파악, 협박, 고소·고발 등을 담당했다. 정명석 성범죄 피해자에 대한 협박과 고소 취하 종용도 이 부서에서 이뤄졌다.

귀뚜라미

대외협력국·홍보국·개우지(인터넷 대응팀) 소속 중 선별된 인원으로 구성된 특수팀. 대응이 필요한 곳에 침투해 동향을 파악하고, 심리적 압박과 협박을 수행하는 역할을 맡았다.

캠퍼스사무국

대학생 선교를 전담하는 핵심 부서다. 주로 전국 각지의 대학 캠퍼스에서 신입생 포교, 학내 모임 조직, 동아리 위장 활동 등을 기획·실행한다. JMS 교세 확장의 가장 중요한 창구로 여겨졌으며, 내부에서는 '미래 지도자 양성'과 '캠퍼스 복음화'를 사명으로 내세운다. 교단 내에서는 청년·대학생 신도 조직의 중심축 역할을 한다.

캠퍼스중앙

전국 대학생 사역을 총괄하는 상위 조직이다. '캠퍼스사무국'이 각 지역별 대학 선교를 운영·관리한다면, 캠퍼스중앙은 그 전체 기획과 전략, 운영 방침을 결정하는 컨트롤타워 역할을 한다. JMS 성장기의 주요 포교 전략과 청년 조직 체계를 기획·감독하며, 대학생 리더 양성 및 인재 발굴에도 핵심적인 권한을 가진 부서로 알려져 있다.

JMS 2세 / 2세

부모가 JMS에서 만나 결혼한 '가정국'에서 태어난 모태 신도를 일컫는 말.

슈퍼스타

정명석이 JMS에서 중등부와 고등부를 지칭하는 표현. 출소 전에는 '샤이니스타(SS)'로 불렸으나, 출소 이후 '슈퍼스타(SS)'로 변경되었다.

상록수

신도들 사이에서 조직에 대한 헌신과 충성을 상징적으로 일컫는 호칭으로 사용된다. 특히 결혼도 하지 않고 오직 정명석에게 인생을 받치겠다는 의미도 내포된다. 즉, '늘 푸른 나무처럼 변치 않는 믿음'을 강조하는 표현이다.

월성

JMS 내부에서 '여성 지도자 모임'이라는 명목으로 운영된 조직. 단순한 여성 사역자 집단이 아니라, 내부 증언에 따르면 정명석의 성적 착취를 정당화하고 이를 돕는 역할을 해온 핵심 조직으로 알려져 있다.

선배가정국

JMS 내부 조직 중 하나로, 교단에서 결혼한 부부를 지칭한다. 가정국은 기수에 따라 선배 가정국(1~4기)과 일반 가정국으로 나뉘며, 특히 선배 가정국은 조직의 초창기 핵심 신도들로 이루어져 있다. 이들 사이에서 태어난 자녀들은 '2세'로 불리며, 어릴 때부터 교리교육과 집단활동에 참여하도록 독려된다. JMS에서는 이들 2세를 '원죄가 없는 존재'라 가르치며, 부모 세대의 충성도를 바탕으로 교리를 세습·유지하는 핵심 역할을 담당한다.

순회사

전국을 순회하며 점검·교육·감독하는 역할을 맡는 부서이다. '순회사' 소속 인력은 JMS의 핵심 교리 및 행정 지침을 하부 조직에 전달하고, 지도자 교육과 신도 관리, 인사 평가 등을 수행한다. JMS 성장기에 '순회사'는 전국 교회 조직 통제와 동향 파악의 중심 기구로 기능했으며, 특히 탈퇴 방지와 내부 결속을 유지하는 주요 수단으로 활용됐다.

계시자

하나님과 직접 대화하거나 '영계(영의 세계)'를 자유롭게 출입하며, 정명석과 영적 교통(소통)을 한다고 주장하는 인물들을 가리킨다. 이들은 자칭 '계시자' 또는 '영계통로'라 불리며, 공동체 내에서 '특별한 영적 권위를 가진 사람'으로 인정받는다.